This book is belonging to:

....

....

....

....

CONTENT

1- Dot to dot

HOW TO PLAY:

- Draw a line from dot 1 to dot 2, then dot 2 to dot 3, and continue sequentially.
- Connect all dots in order until the picture is complete.
- For more fun color the picture.

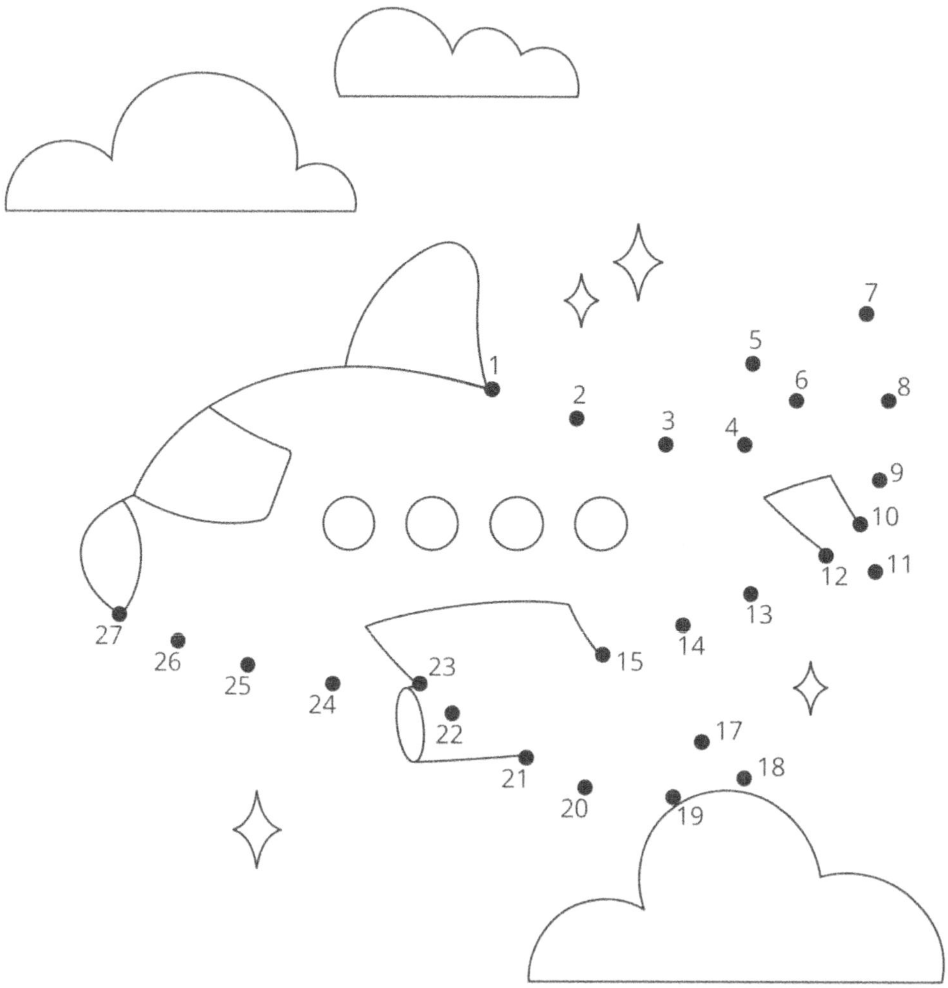
1
1 2 3 4 5 6 7 8 9 10 11 12 13 14 15 17 18 19 20 21 22 23 24 25 26 27

2

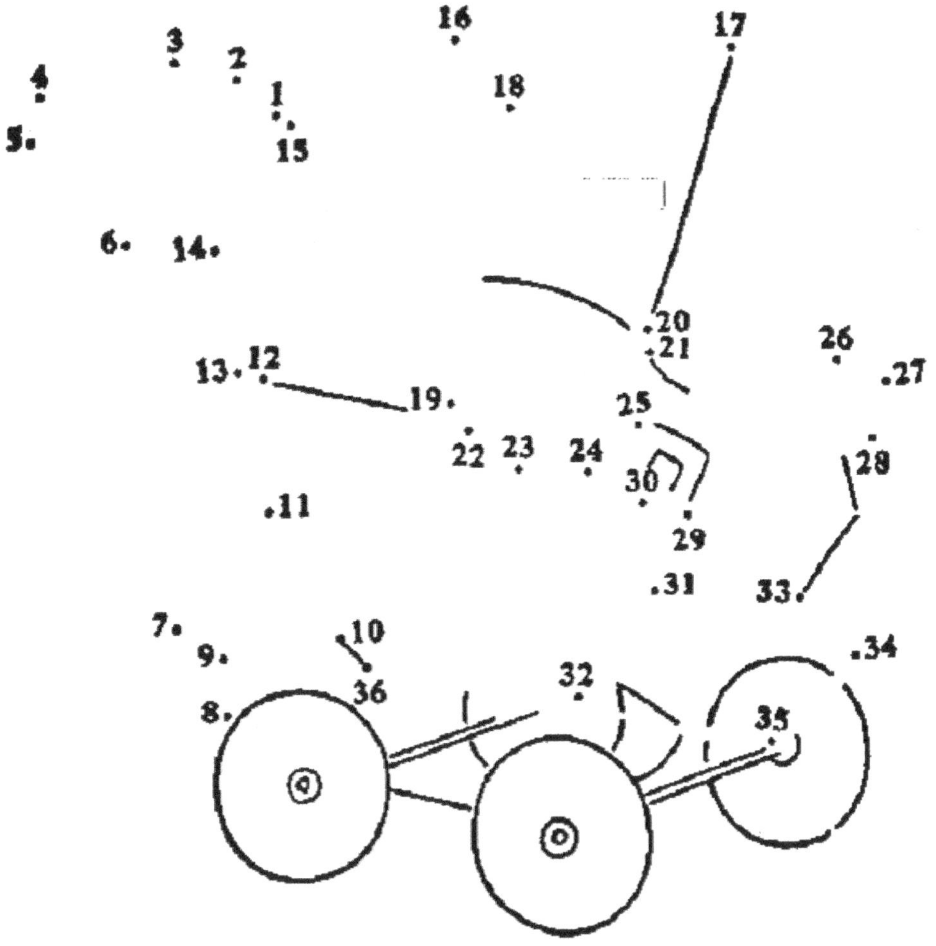
16
17
3
2
4
1
18
5.
15
6.
14.
.20
.21
26
13.
12
.27
19.
25
22
23
24
28
30
.11
29
.31
33.
7.
10
.34
9.
32
36
8.
35

3

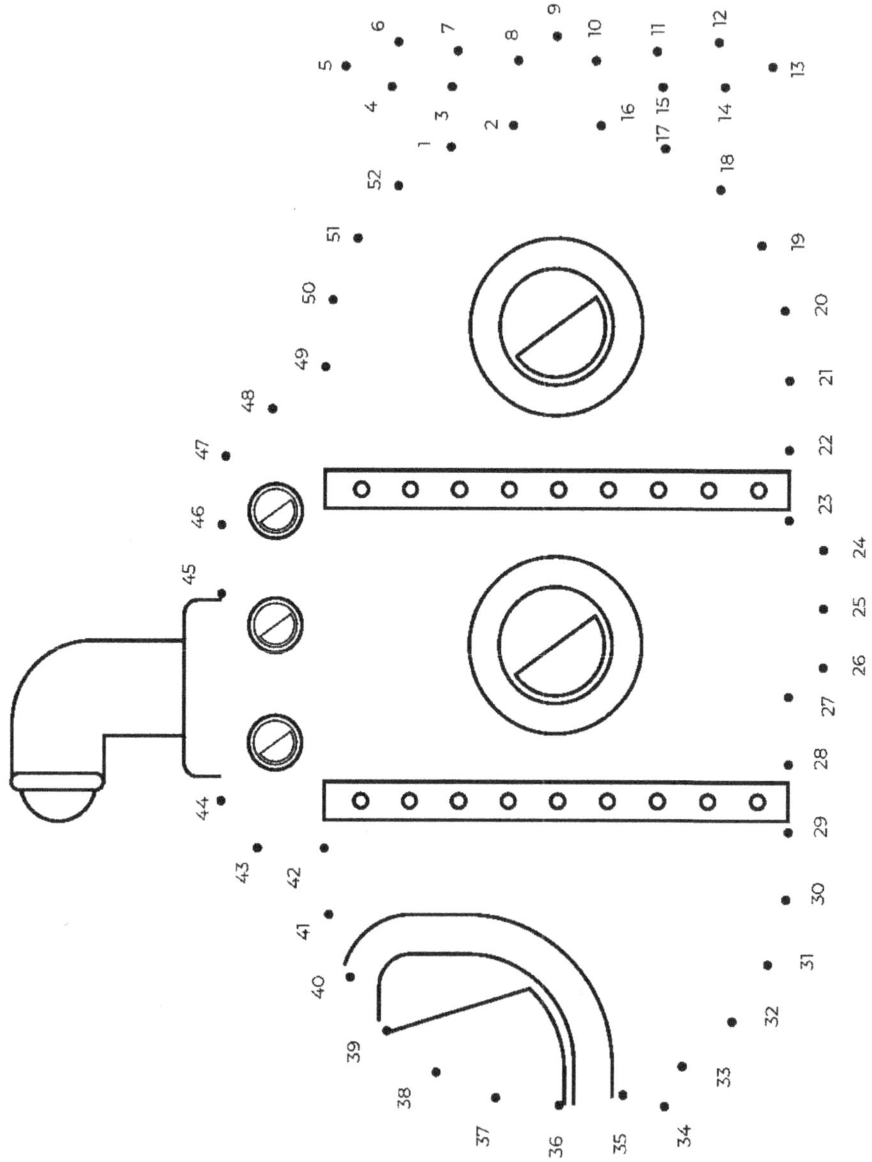

4

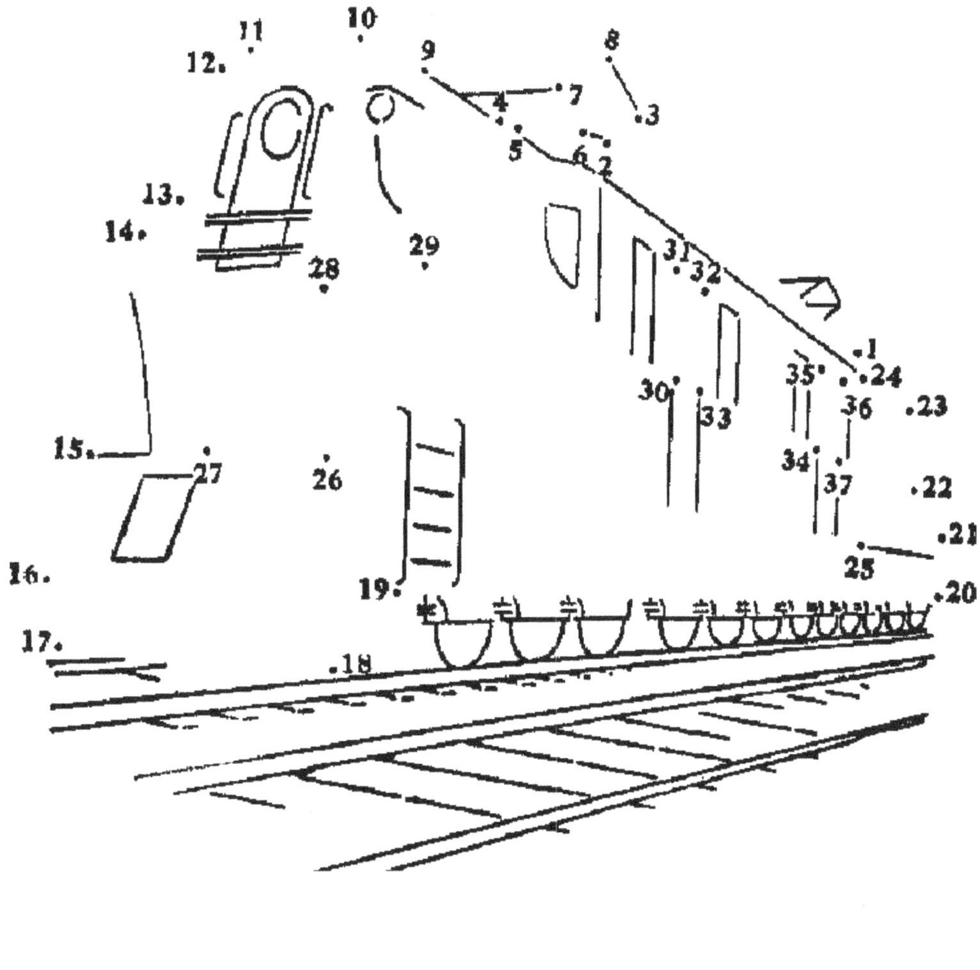
1
2
3
4
5
6
7
8
9
10
11
12
13
14
15
16
17
18
19
20
21
22
23
24
25
26
27
28
29
30
31
32
33
34
35
36
37

5

2- Colouring pages

HOW TO PLAY:

Start coloring! Use your chosen colors to fill in the outlines of the picture. You can follow the existing colors or get creative and choose your own color scheme.

1

2

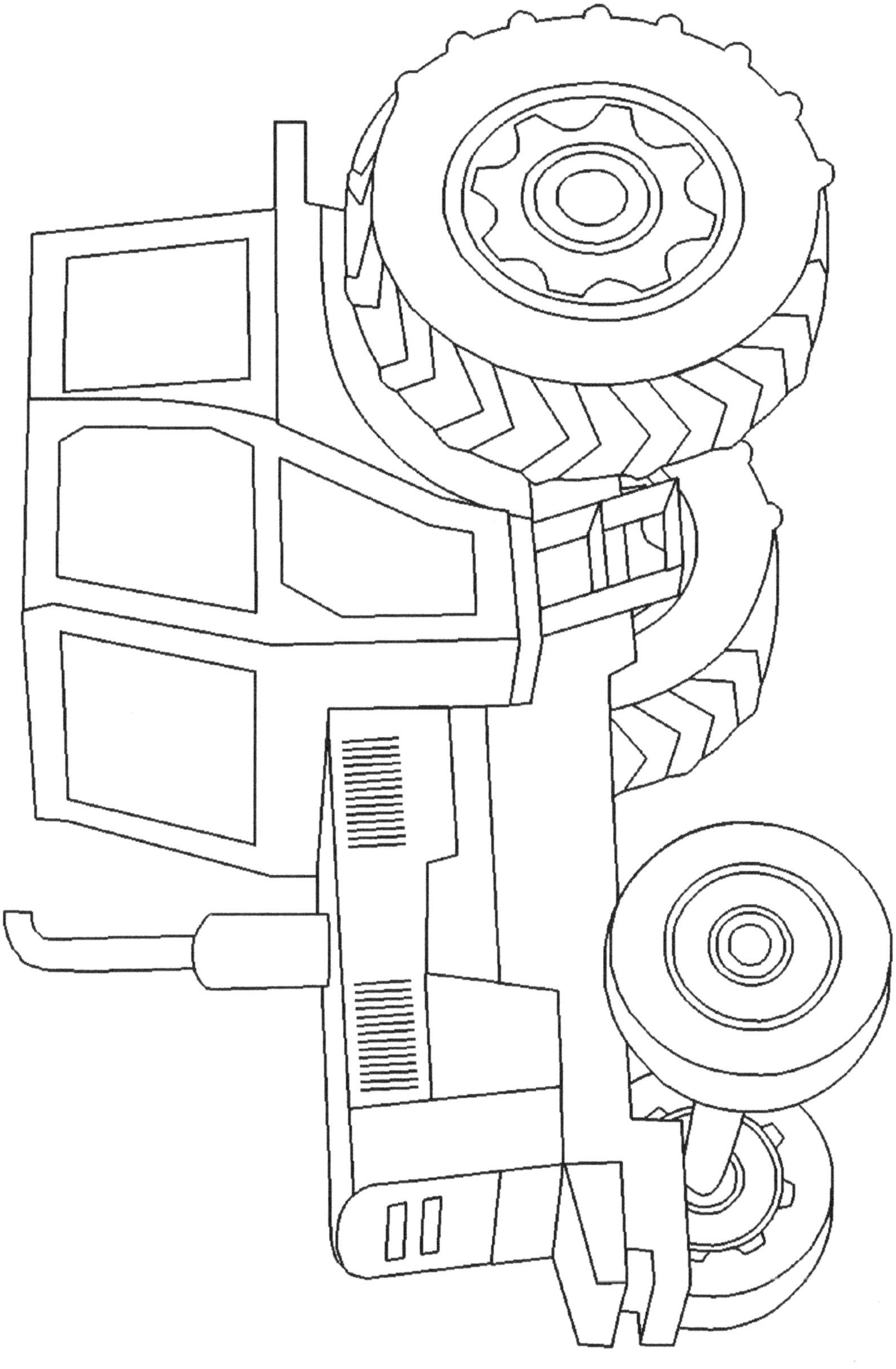

3

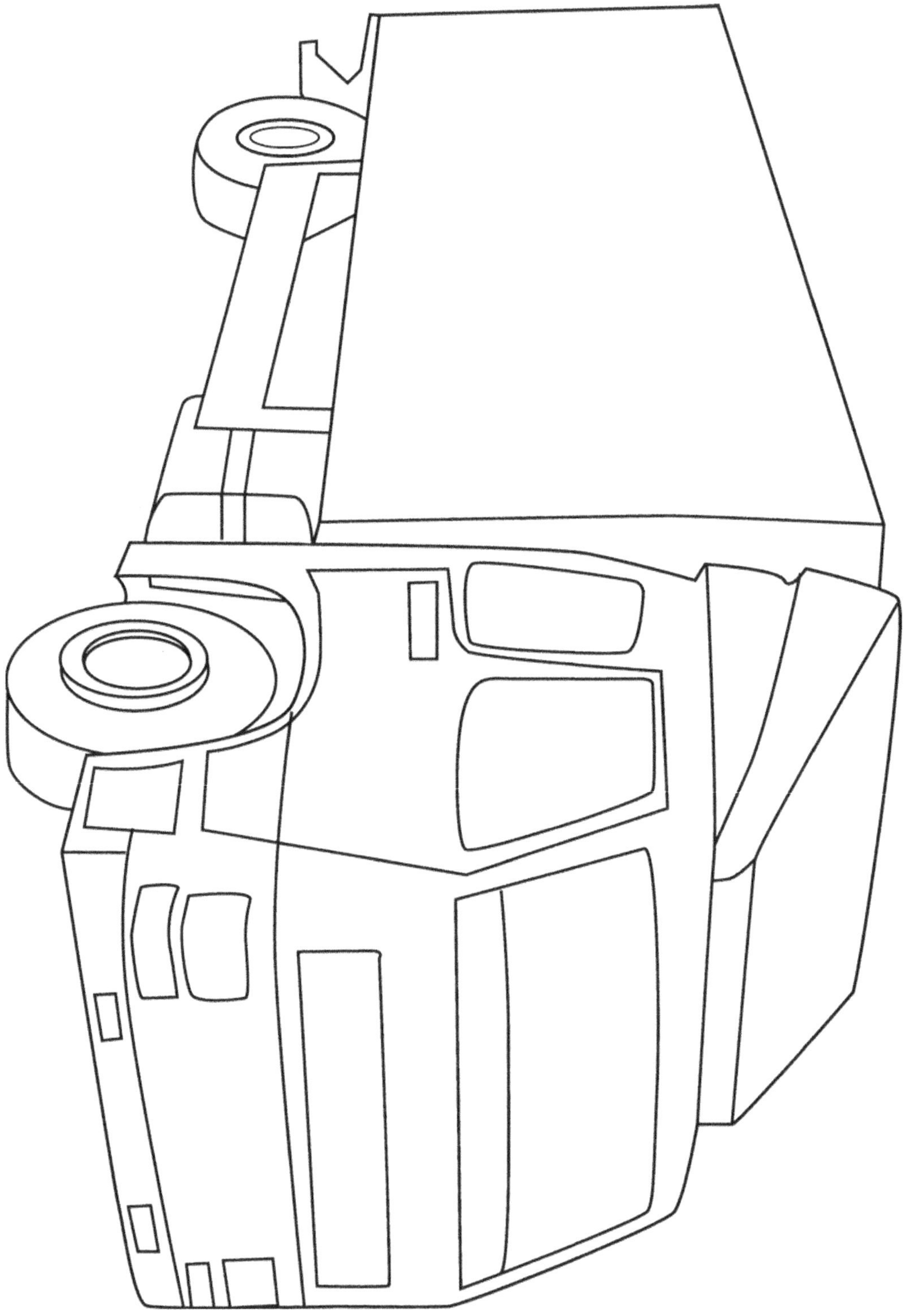

4

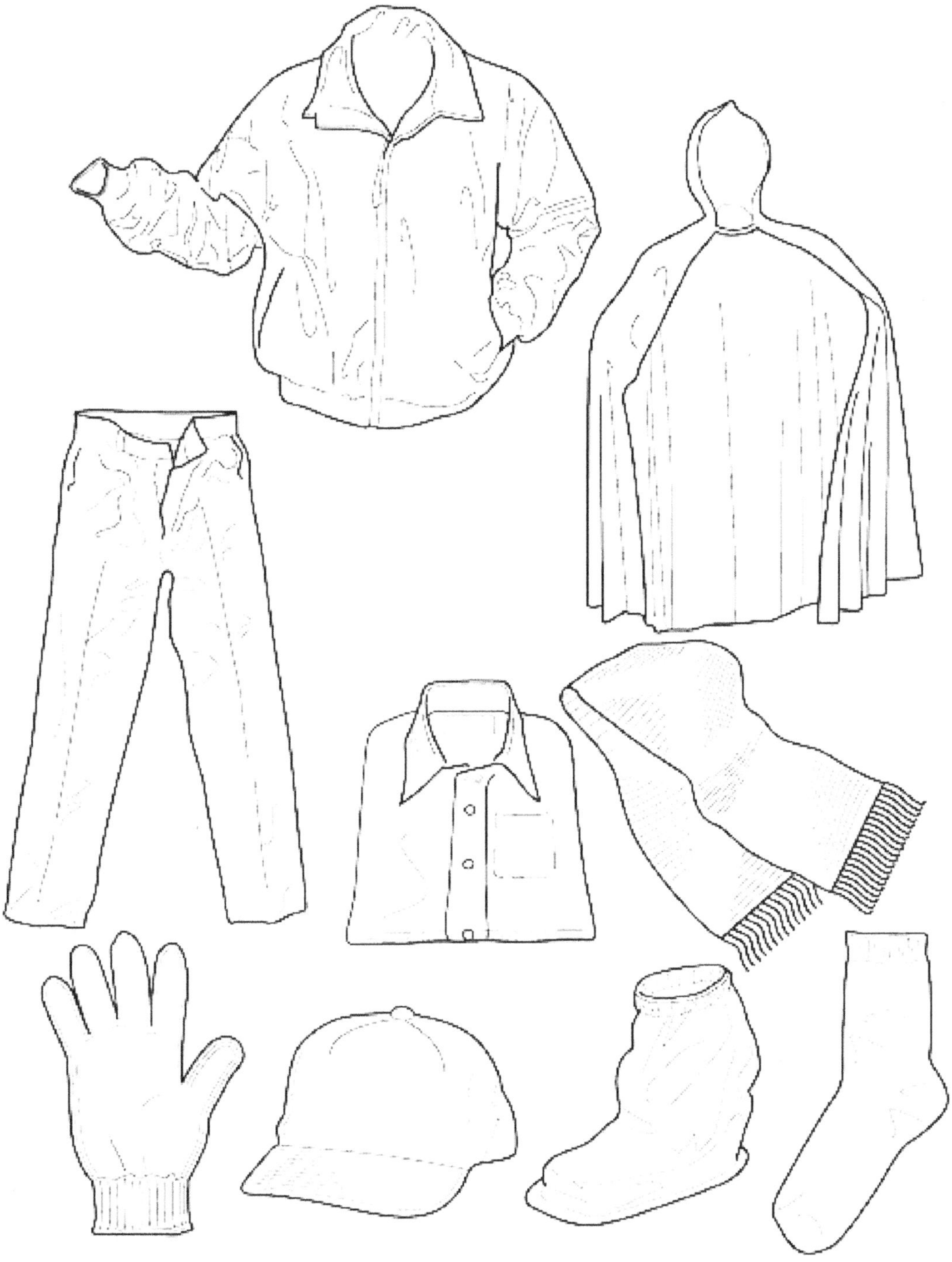

5

6

7

8

9

10

11

12

13

14

15

3- Mazes

HOW TO PLAY:

The aim is to find your way to the exit after entering the maze. You can use your finger or a pen or pencil to trace your path through the maze.

1

2

3

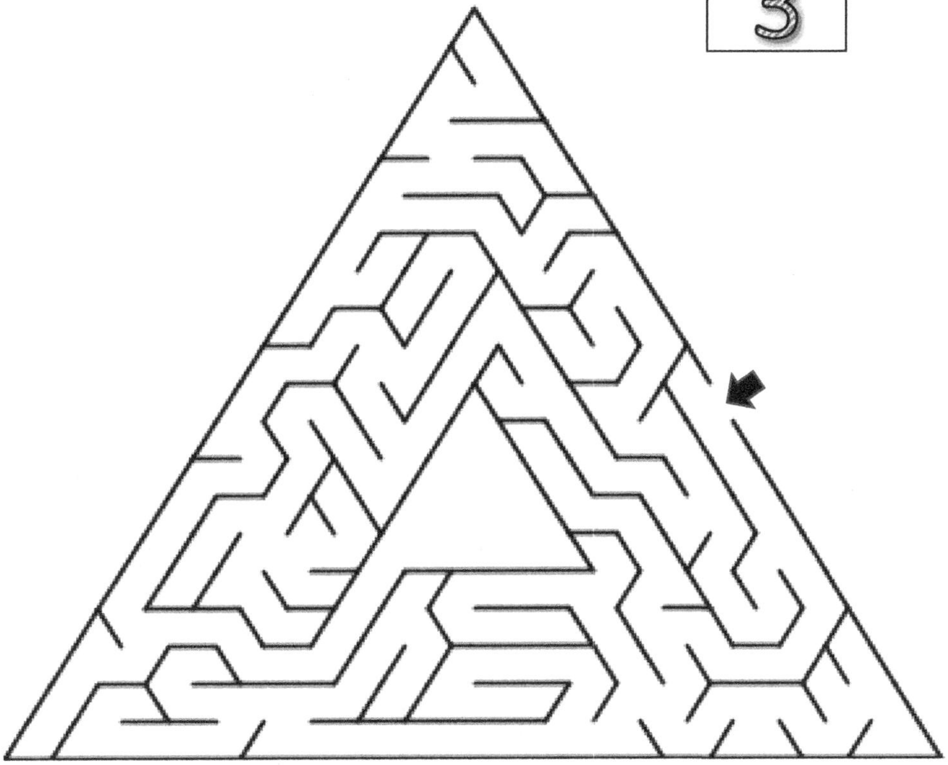

4

5

6

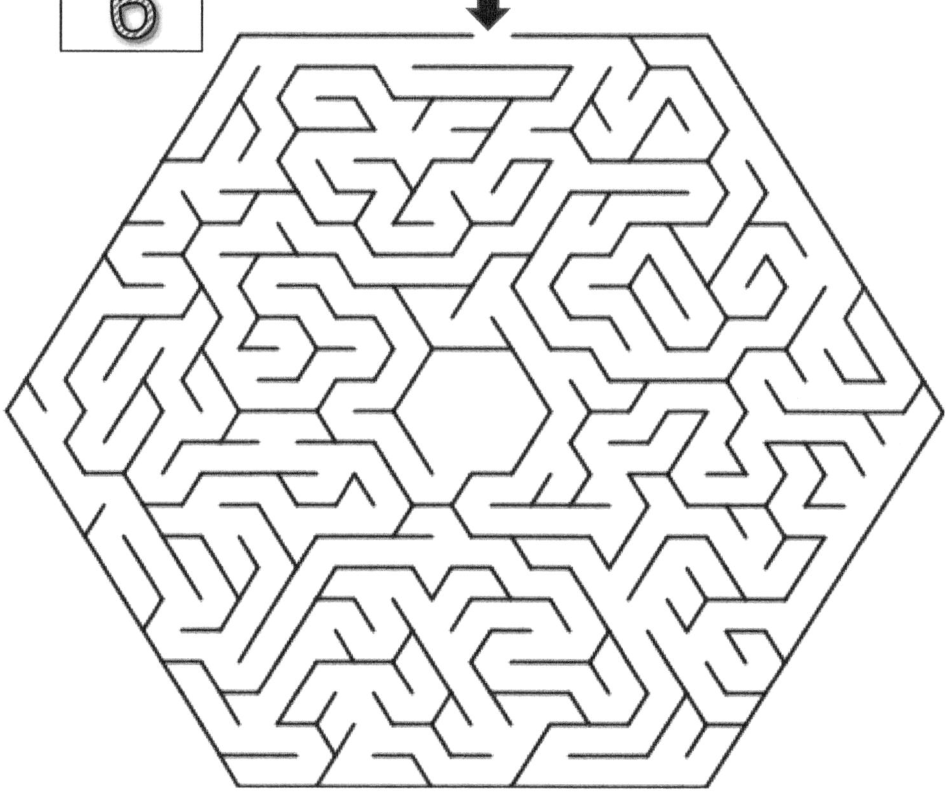

7

8

9

10

11

12

4- Spot the odd one out

HOW TO PLAY:

Observe the group of items and identify the one that doesn't belong or the different one.

1

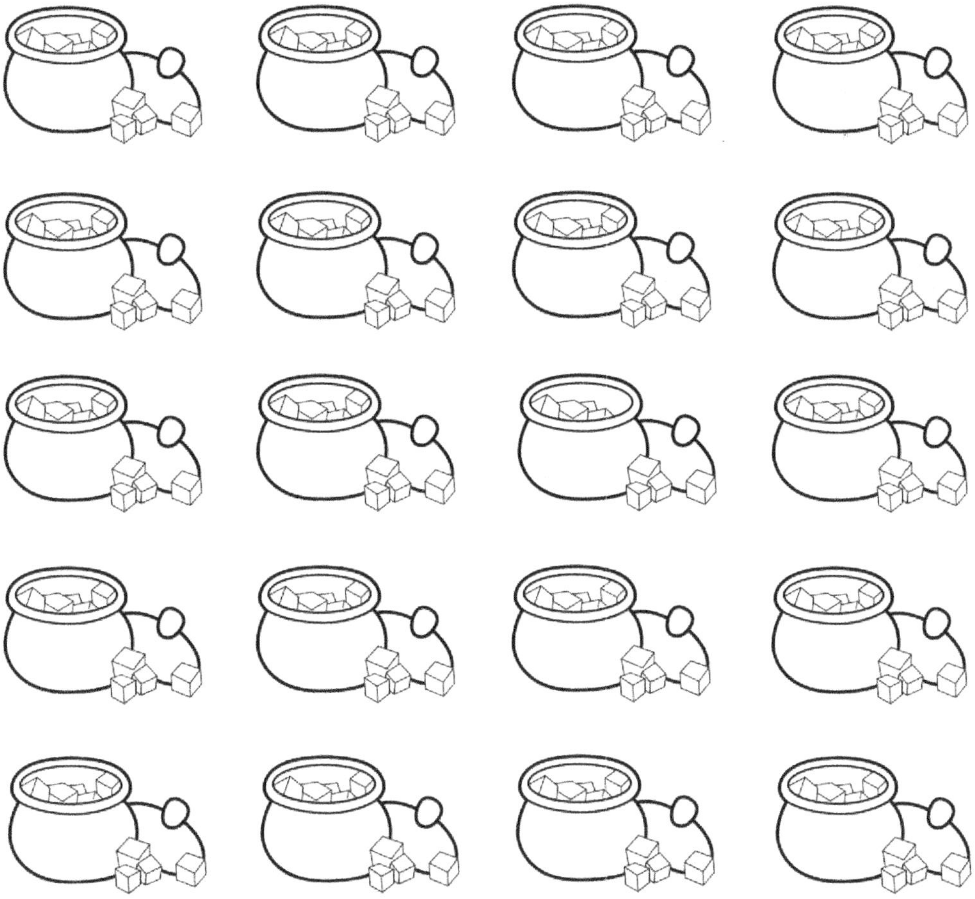

2

3

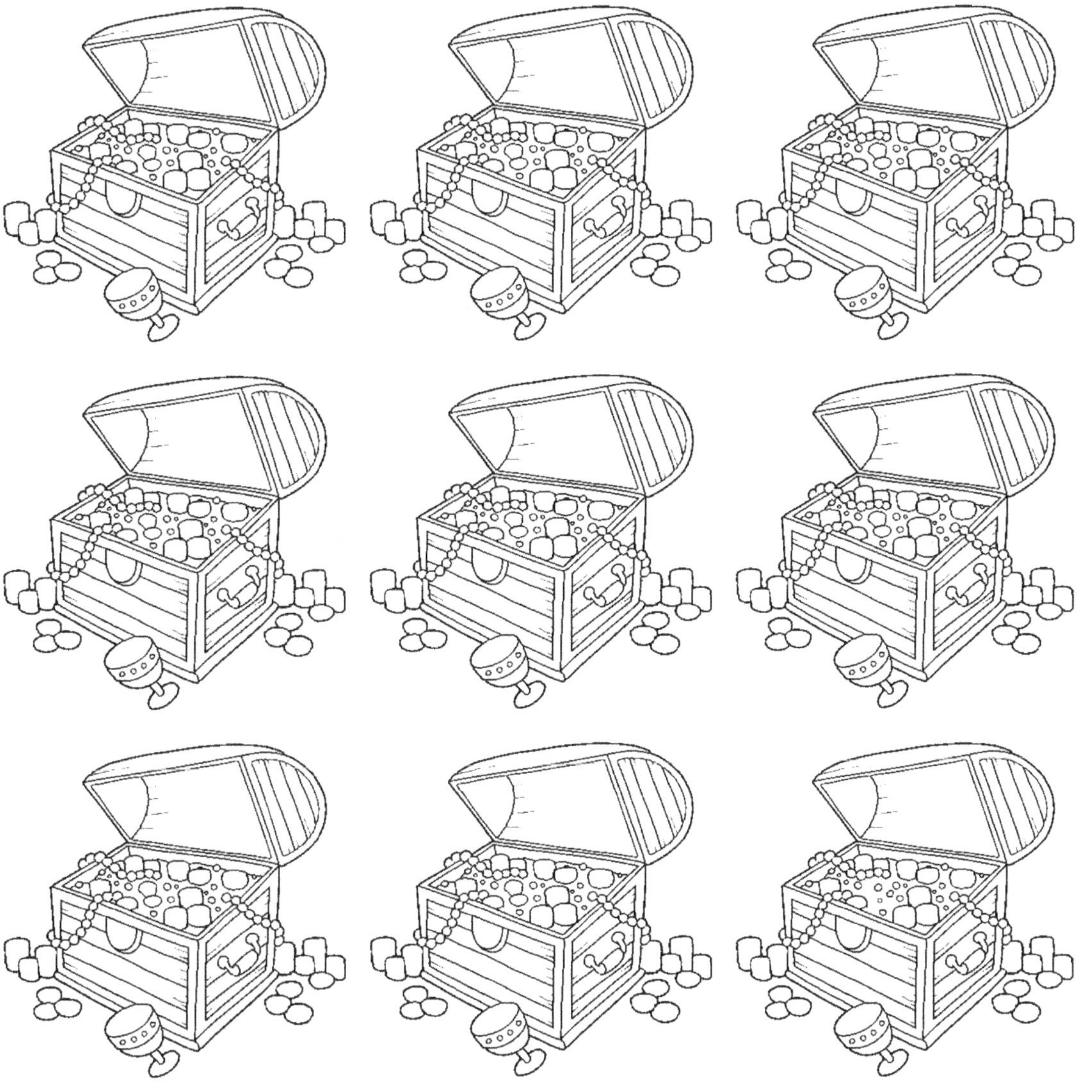

4

5

6

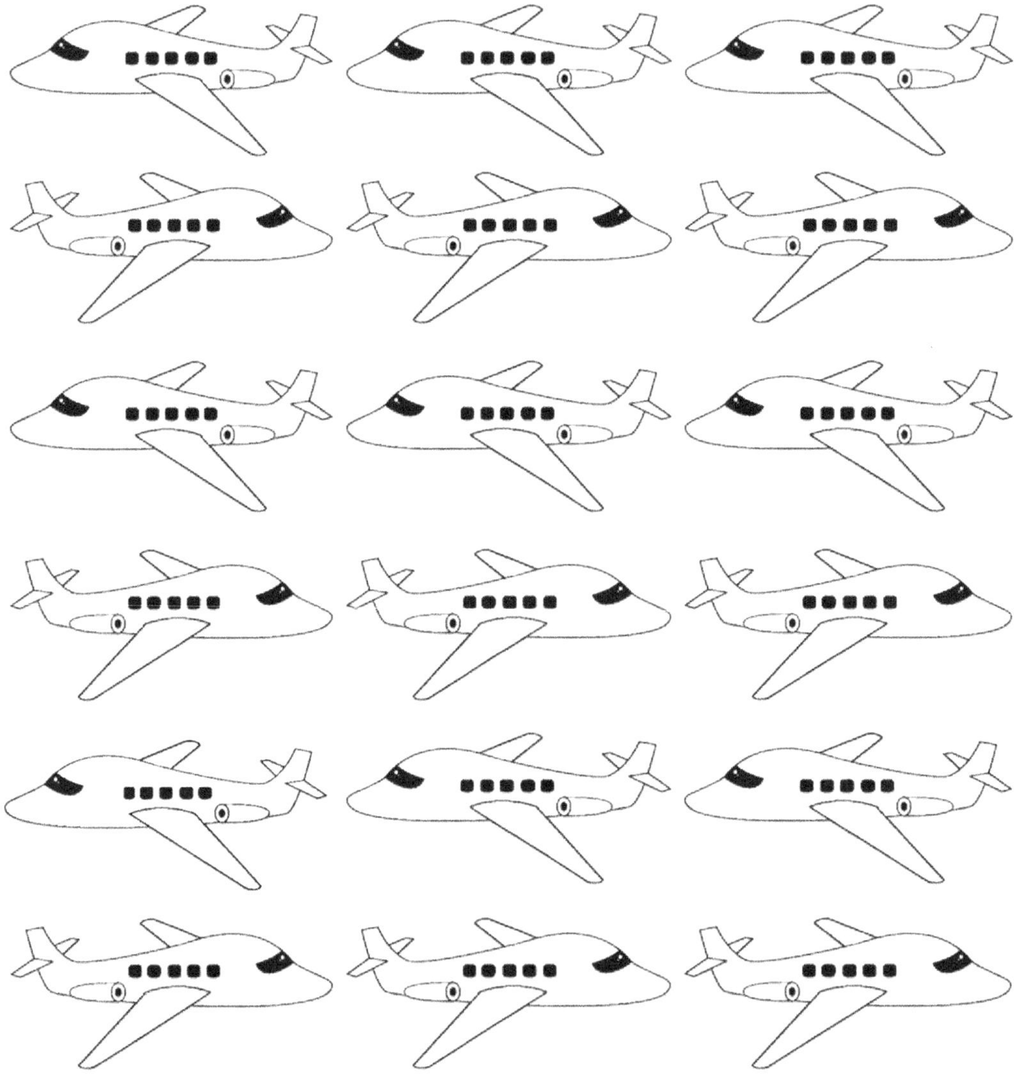

7

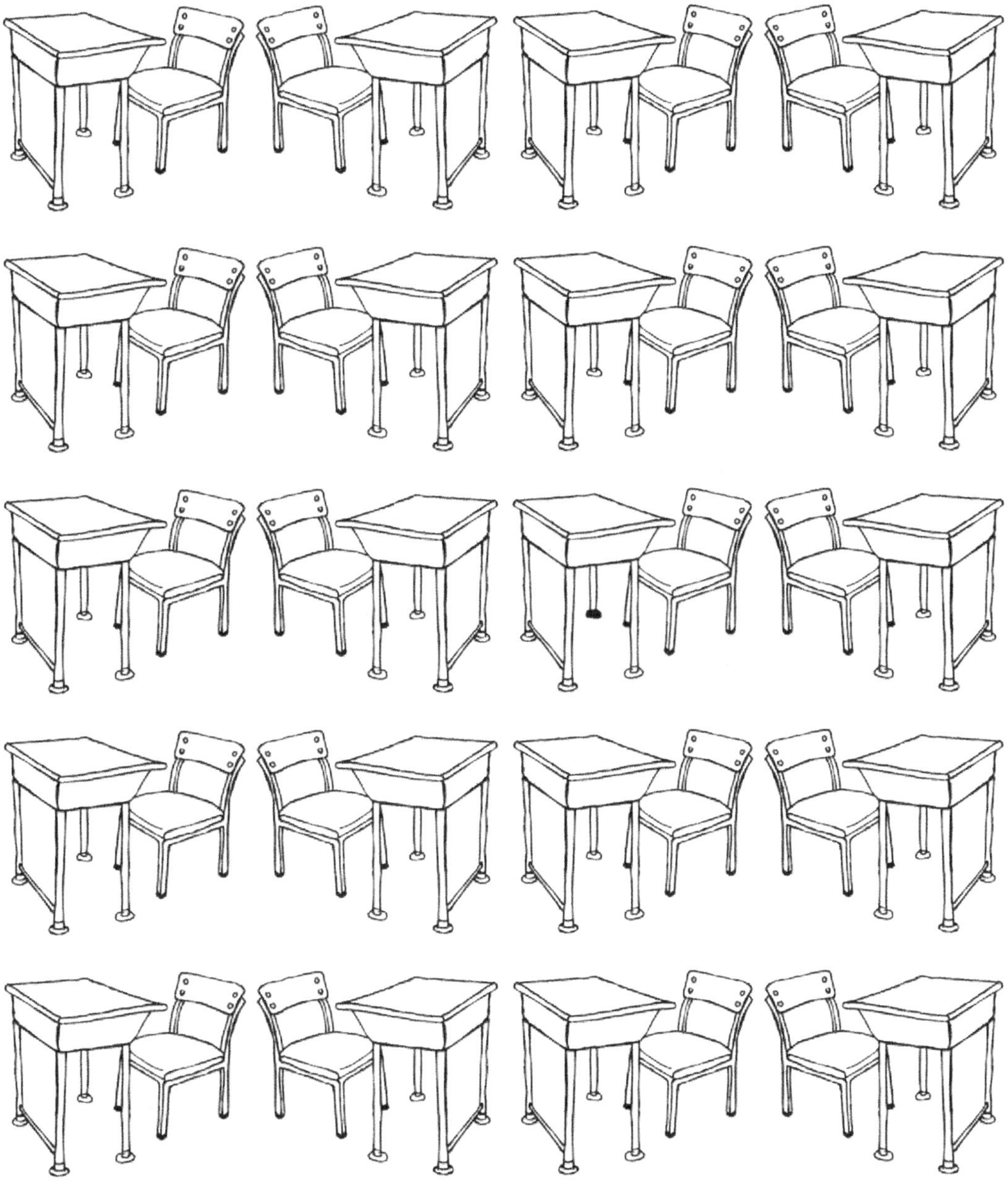

8

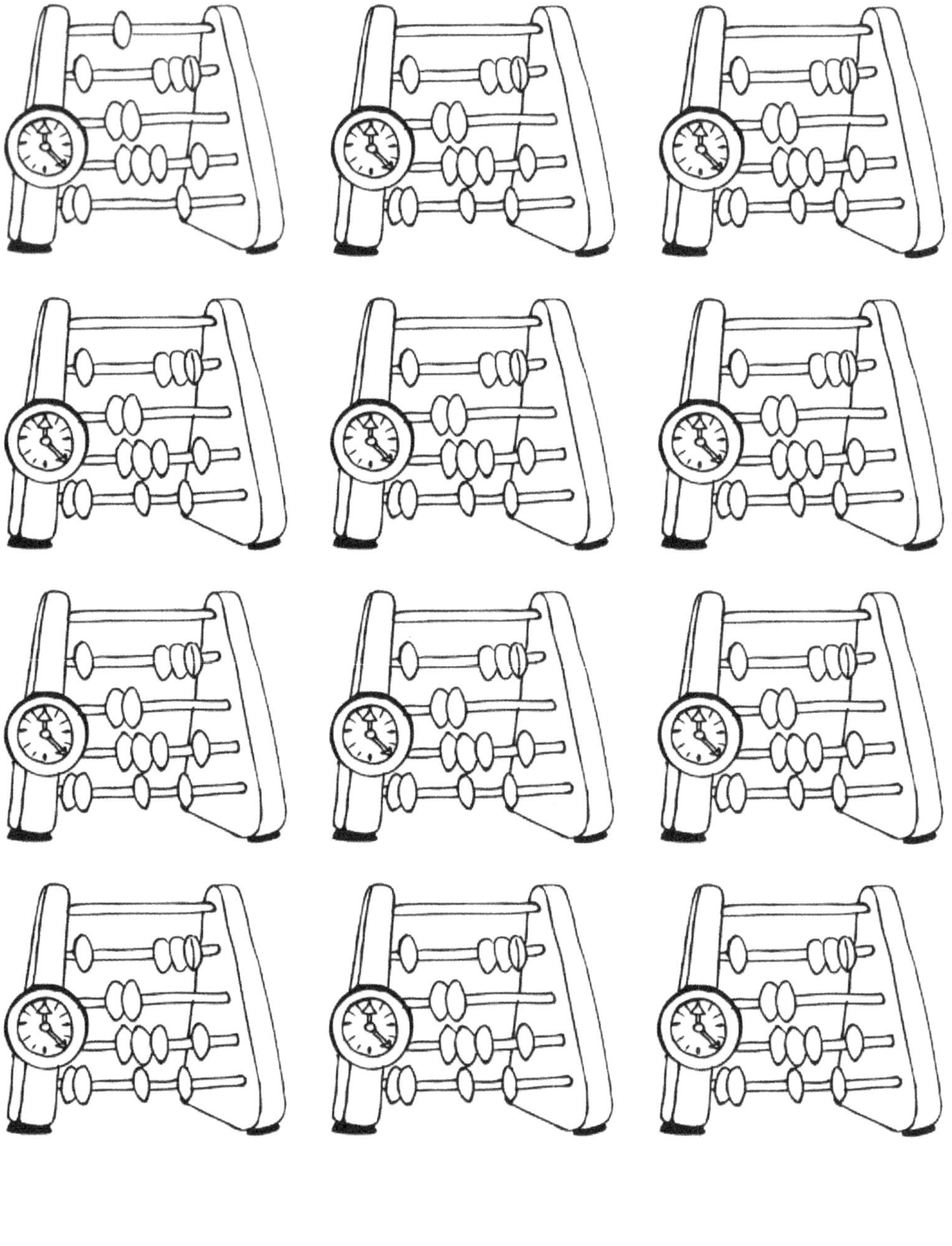

9

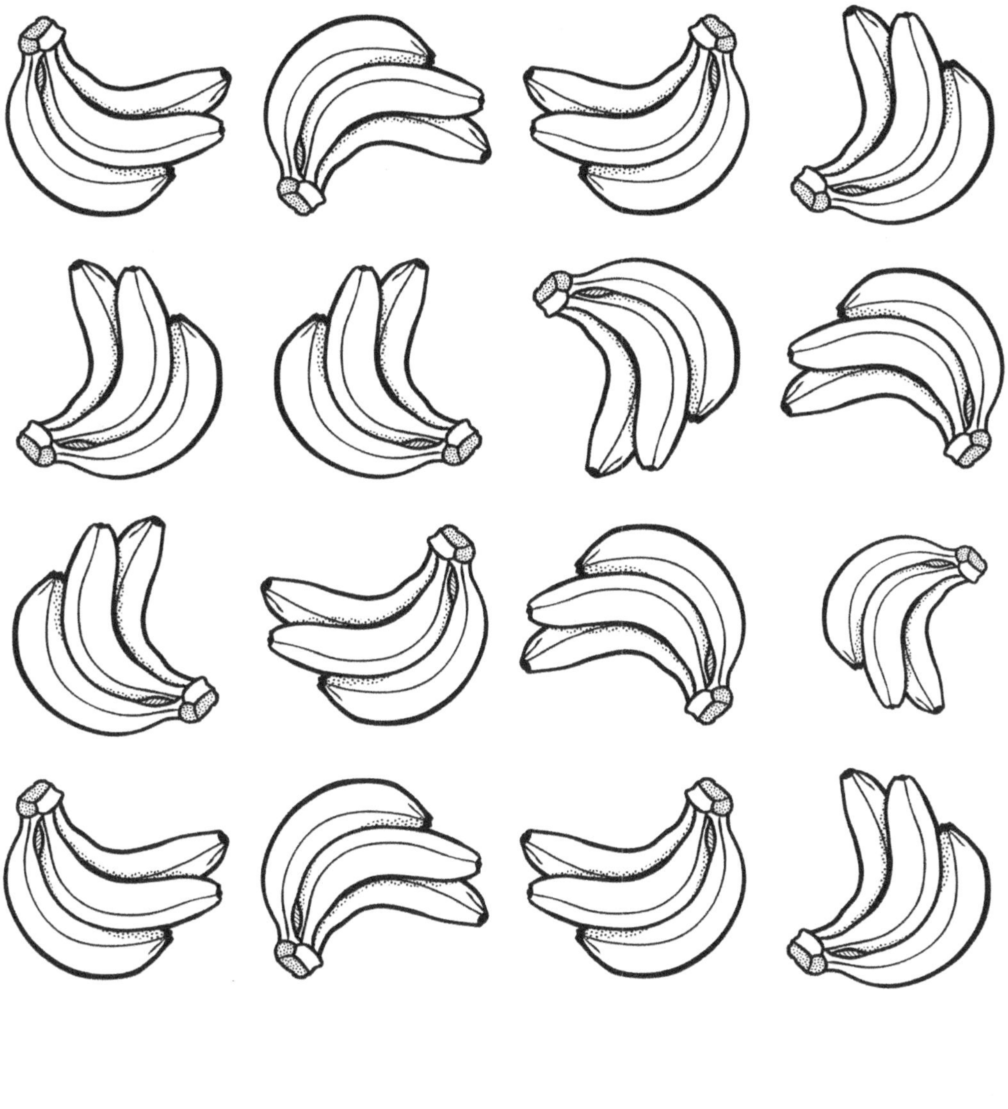

10

5- Hangman

HOW TO PLAY:

The game is typically played between two people.
- One person, the 'host' chooses a word and marks the length of the word on the grid.
- The other player has to guess the letters in this word/phrase before all the parts of the hangman are drawn,
- If the player guesses correctly the letter is marked in the correct place, if the player guesses incorrectly the host draws another
part of the hangman,
- The game continues until
  - the word/phrase is guessed (all letters are revealed) in this case the second person has won
  - all the parts of the hangman are displayed in which case the second person has lost.

1

FRUIT

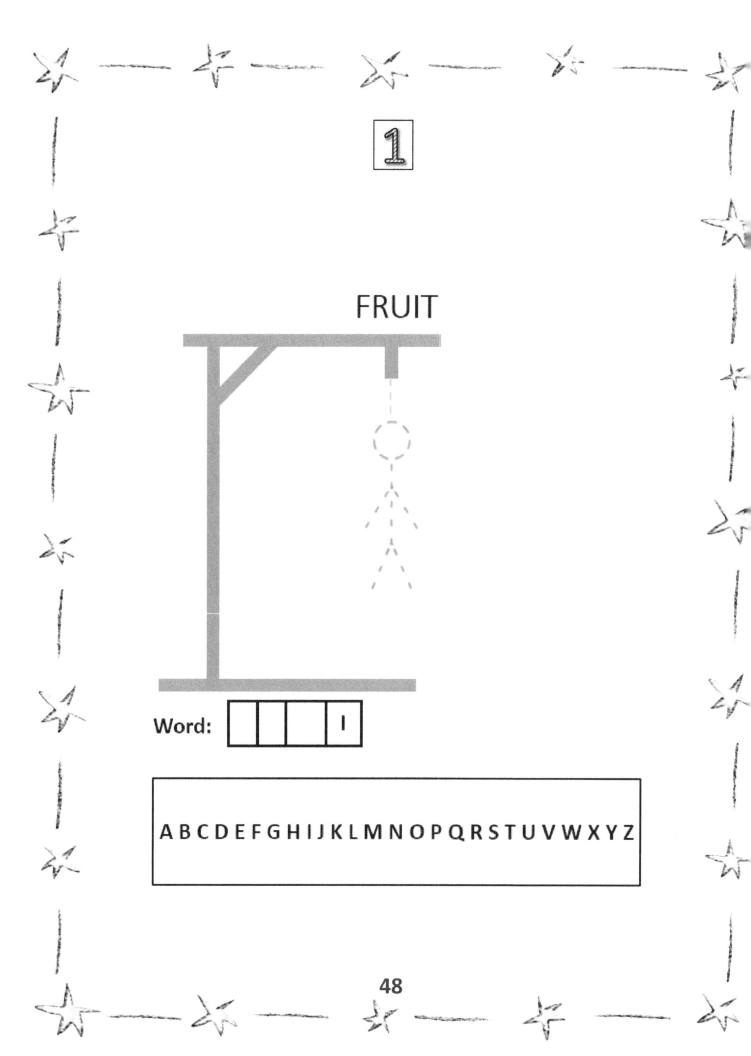

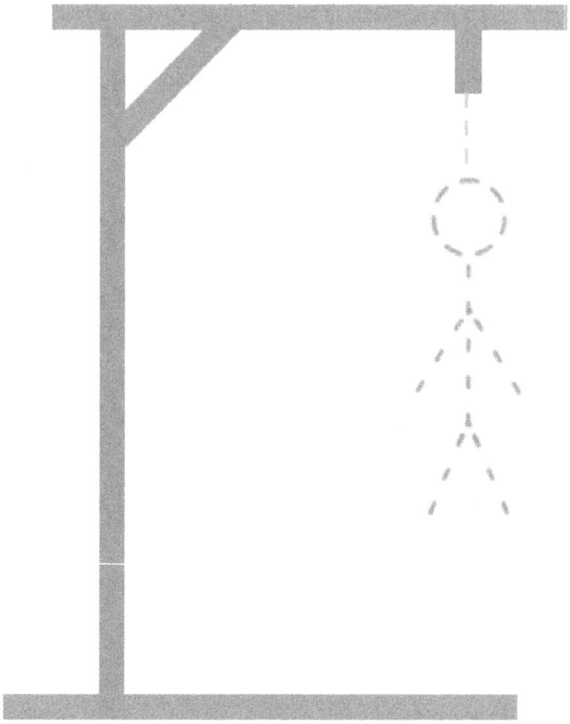

Word:

			I

A B C D E F G H I J K L M N O P Q R S T U V W X Y Z

2

VEGETABLE

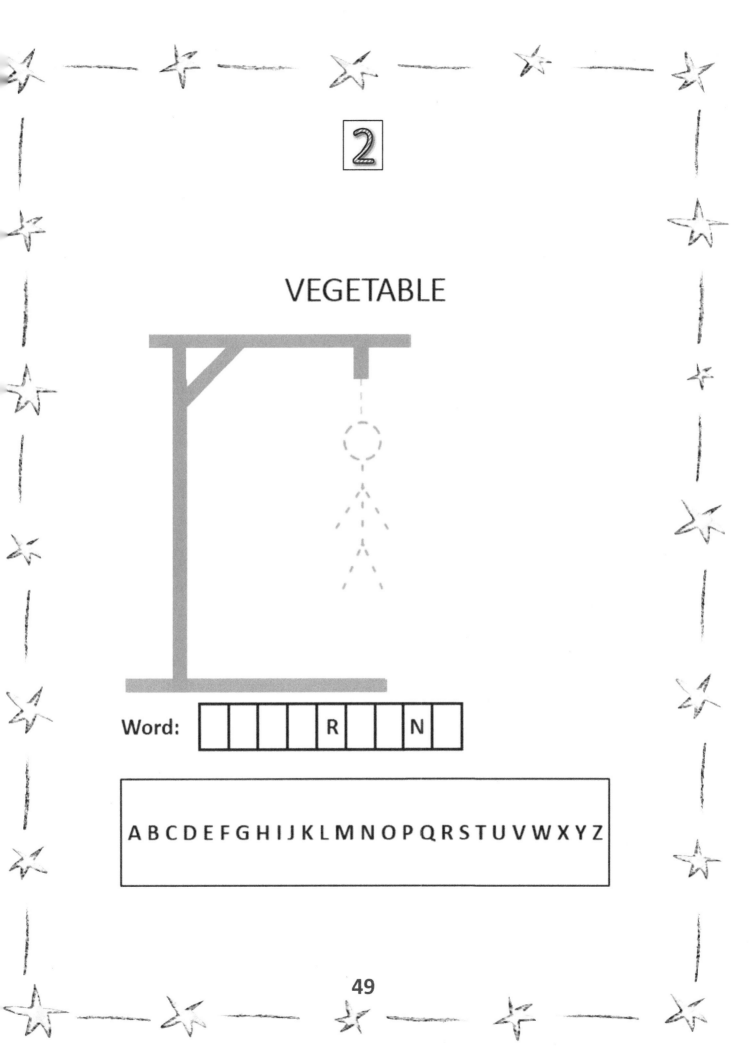

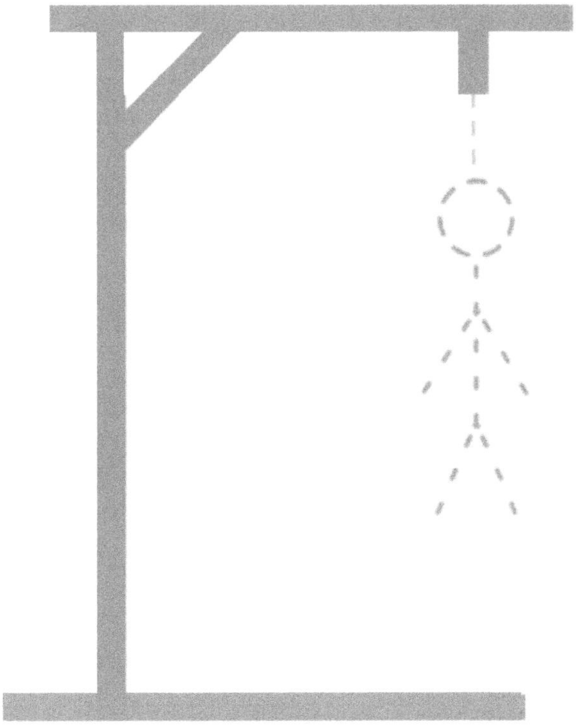

Word:

				R			N	

A B C D E F G H I J K L M N O P Q R S T U V W X Y Z

3

SPORT

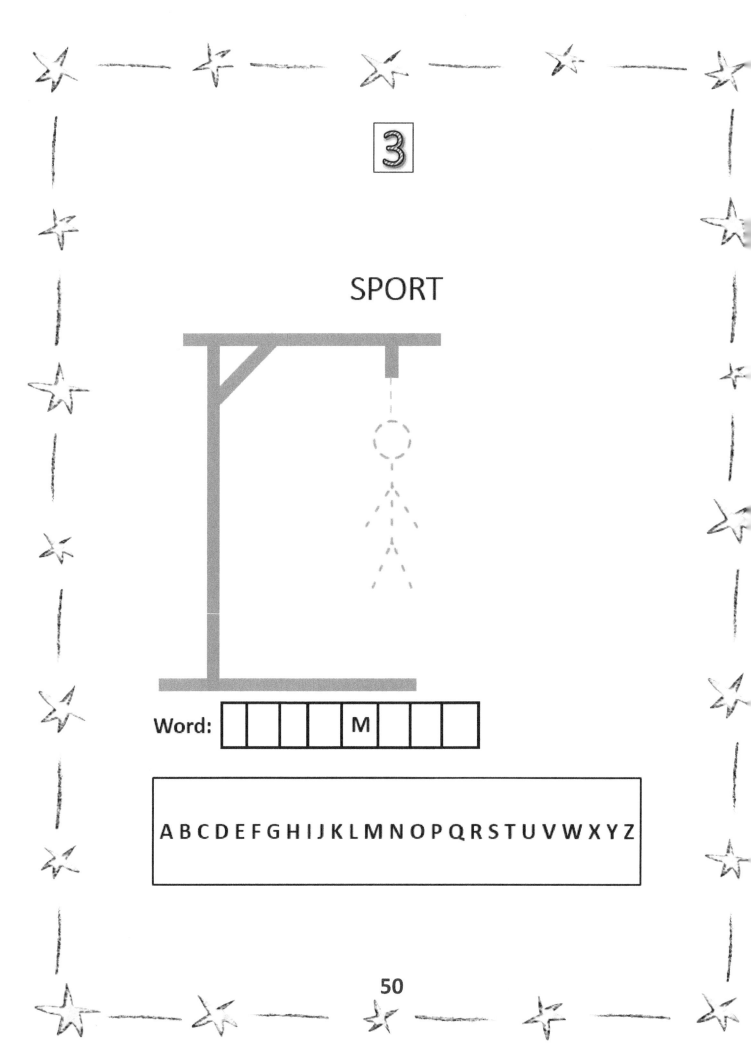

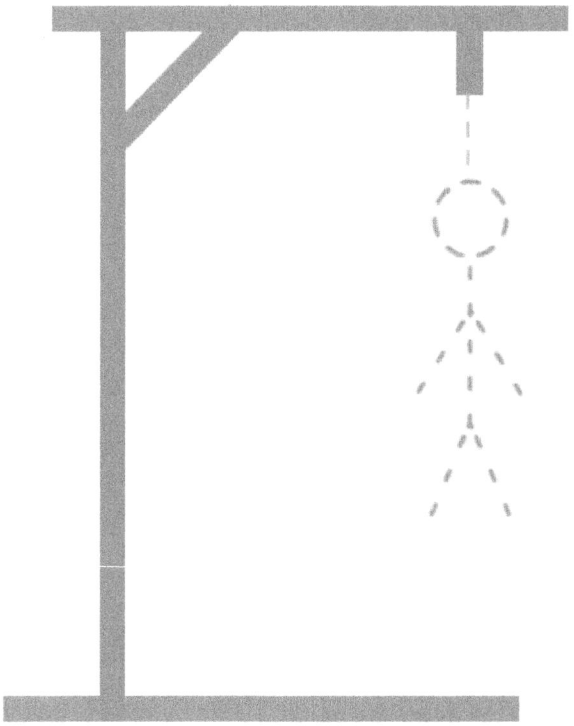

Word:

				M			

A B C D E F G H I J K L M N O P Q R S T U V W X Y Z

4

COUNTRY

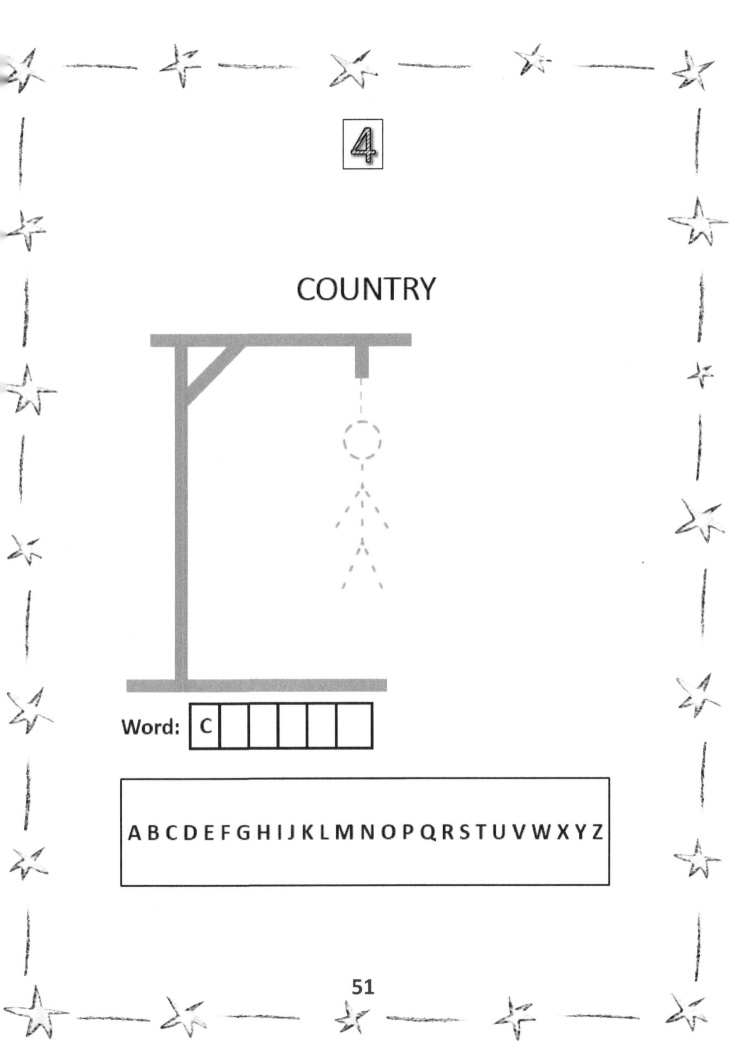

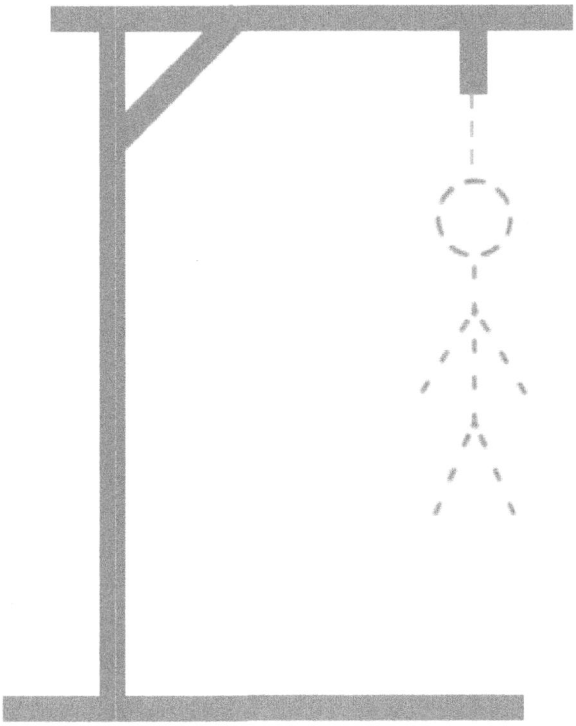

Word: | C | | | | | |

A B C D E F G H I J K L M N O P Q R S T U V W X Y Z

5

COLOUR

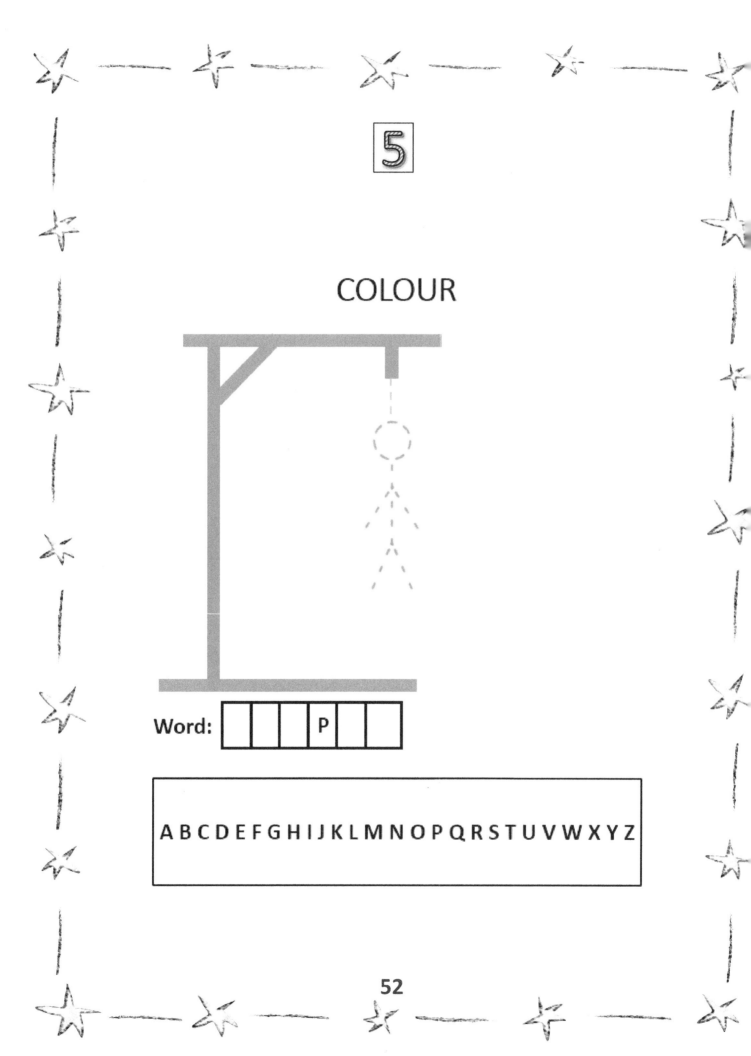

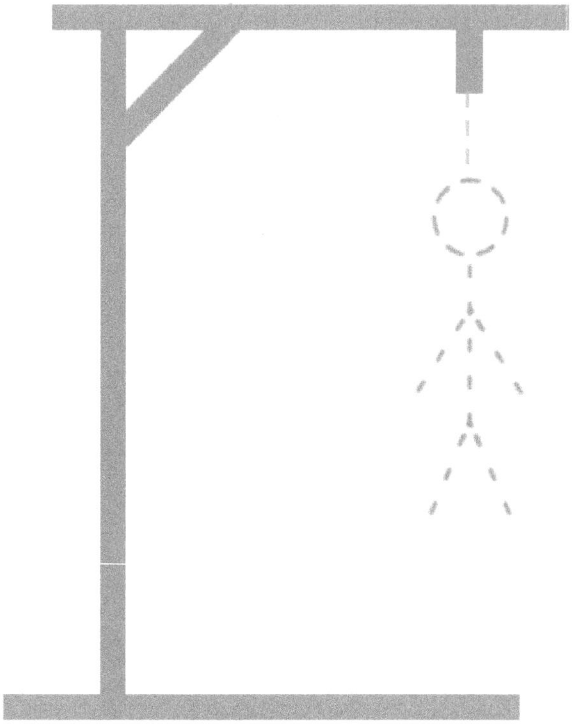

Word:

			P		

A B C D E F G H I J K L M N O P Q R S T U V W X Y Z

6

PROFESSION

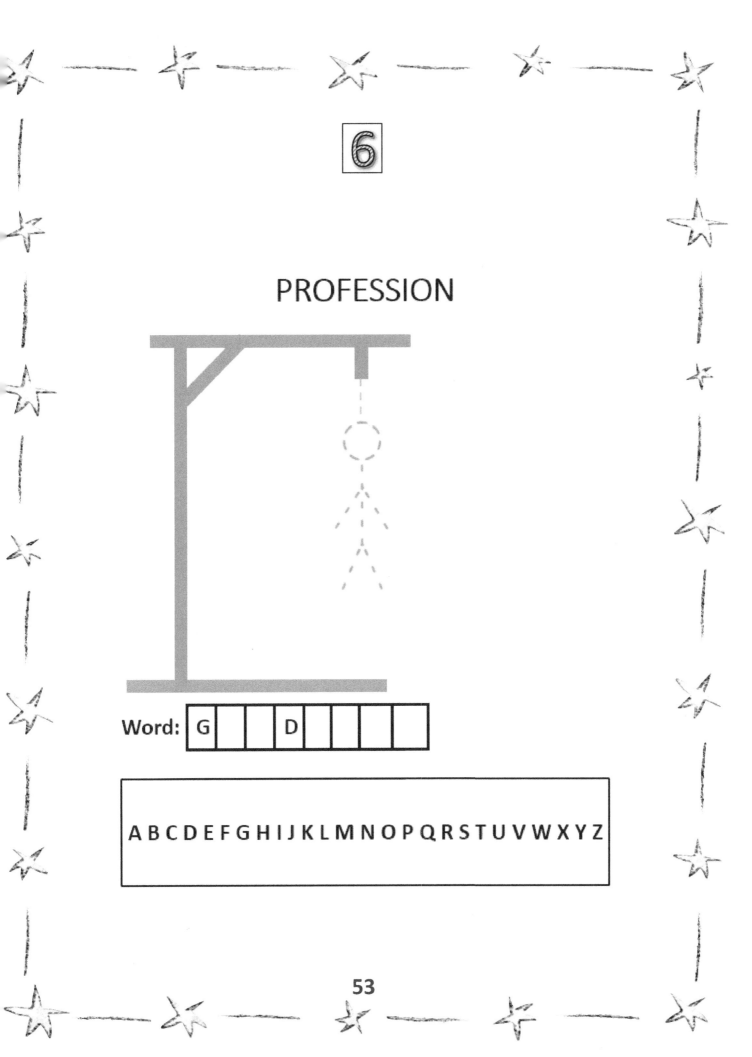

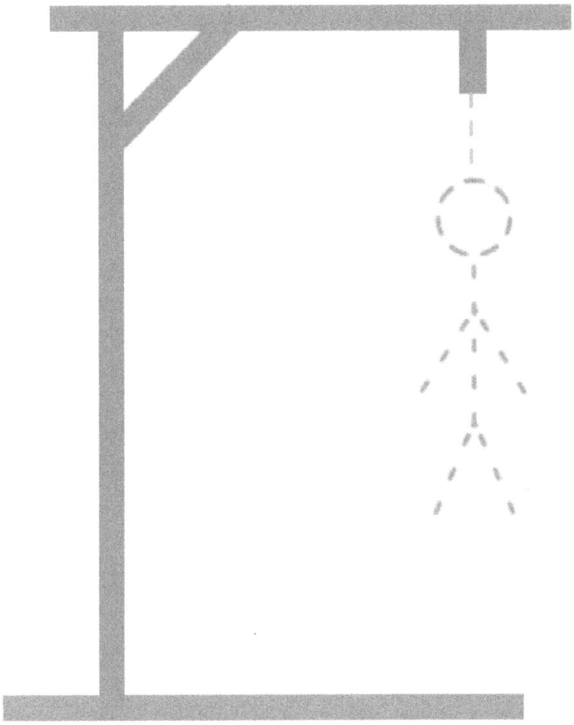

Word:

G			D				

A B C D E F G H I J K L M N O P Q R S T U V W X Y Z

7

GADGET

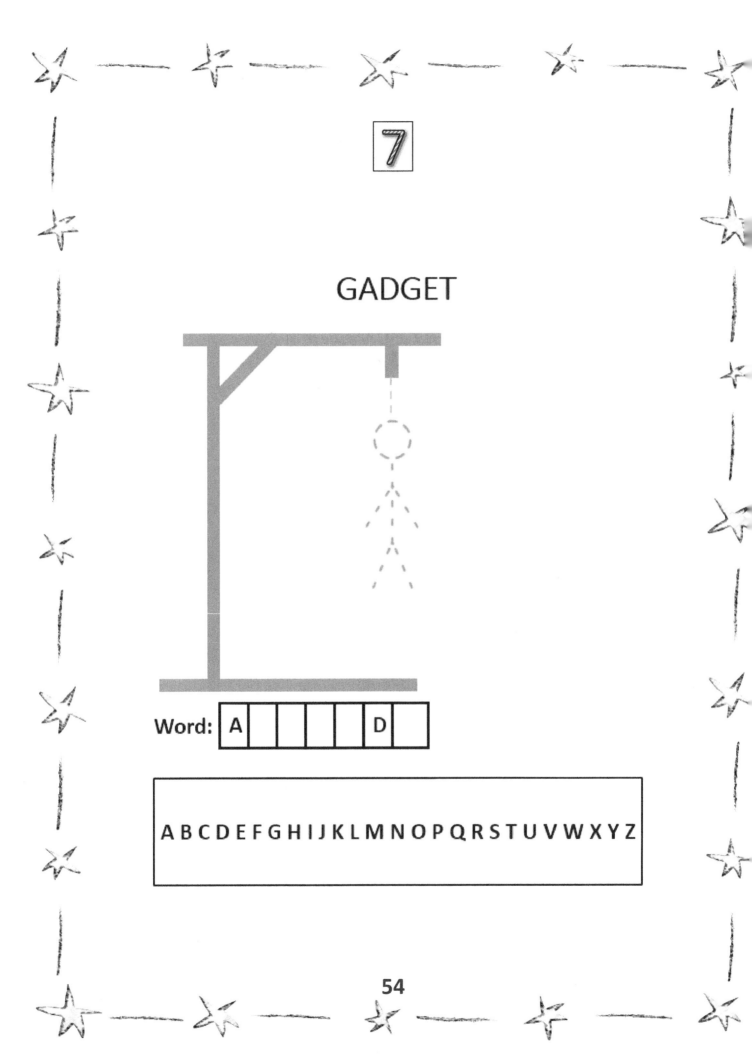

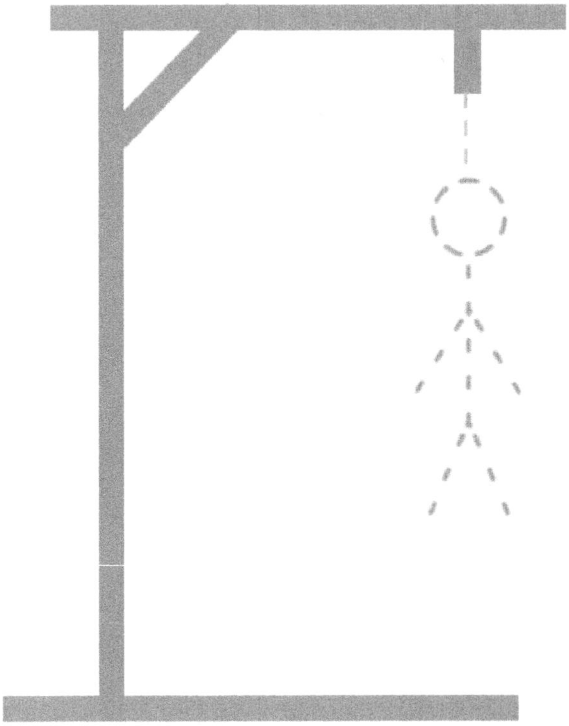

Word: | A | | | | | D | |

A B C D E F G H I J K L M N O P Q R S T U V W X Y Z

8

FOOD

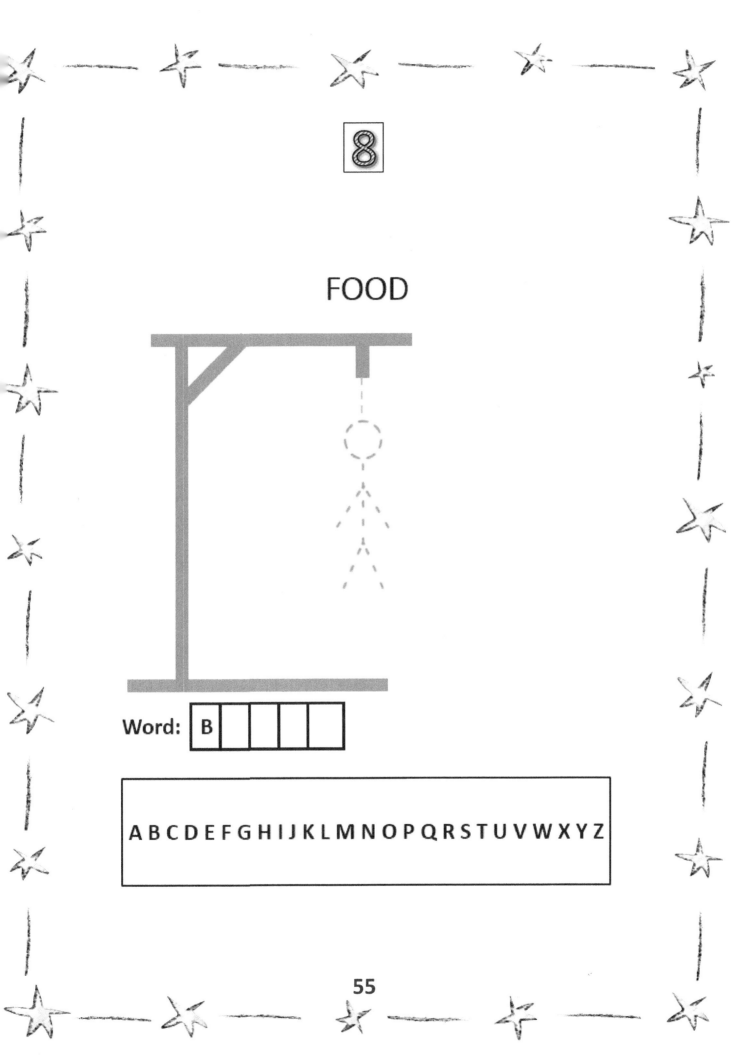

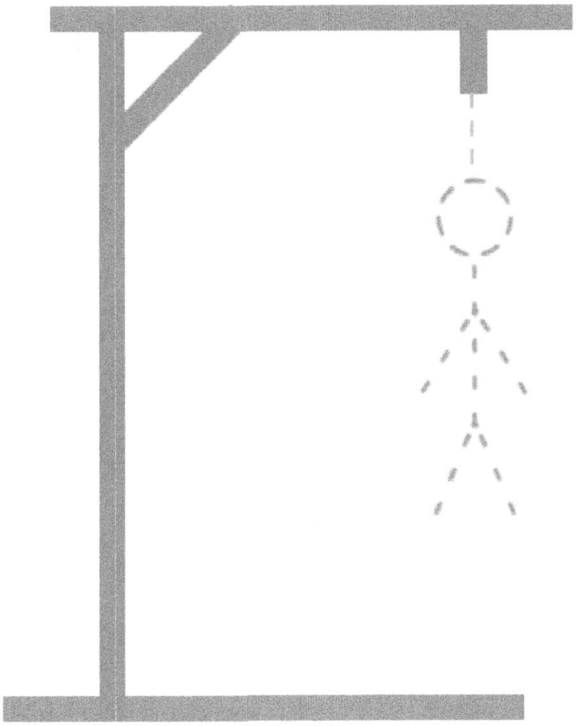

Word: | B | | | | |

A B C D E F G H I J K L M N O P Q R S T U V W X Y Z

9

LANGUAGE

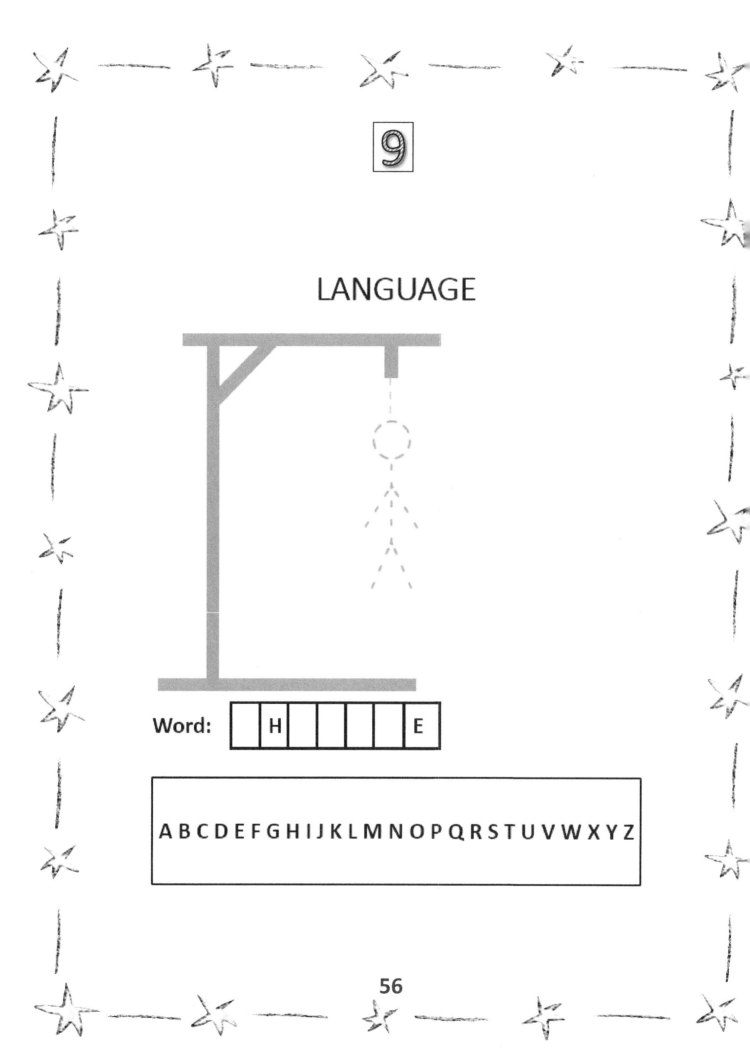

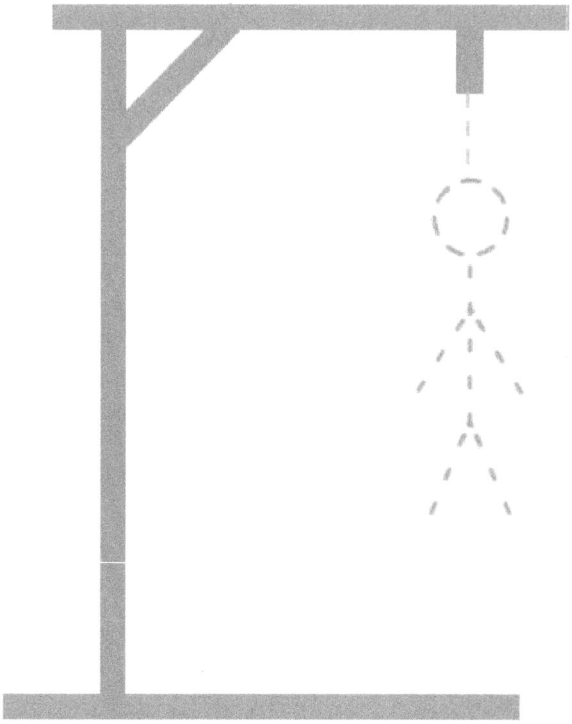

Word:

	H					E

A B C D E F G H I J K L M N O P Q R S T U V W X Y Z

10

MEAN OF TRANSPORT

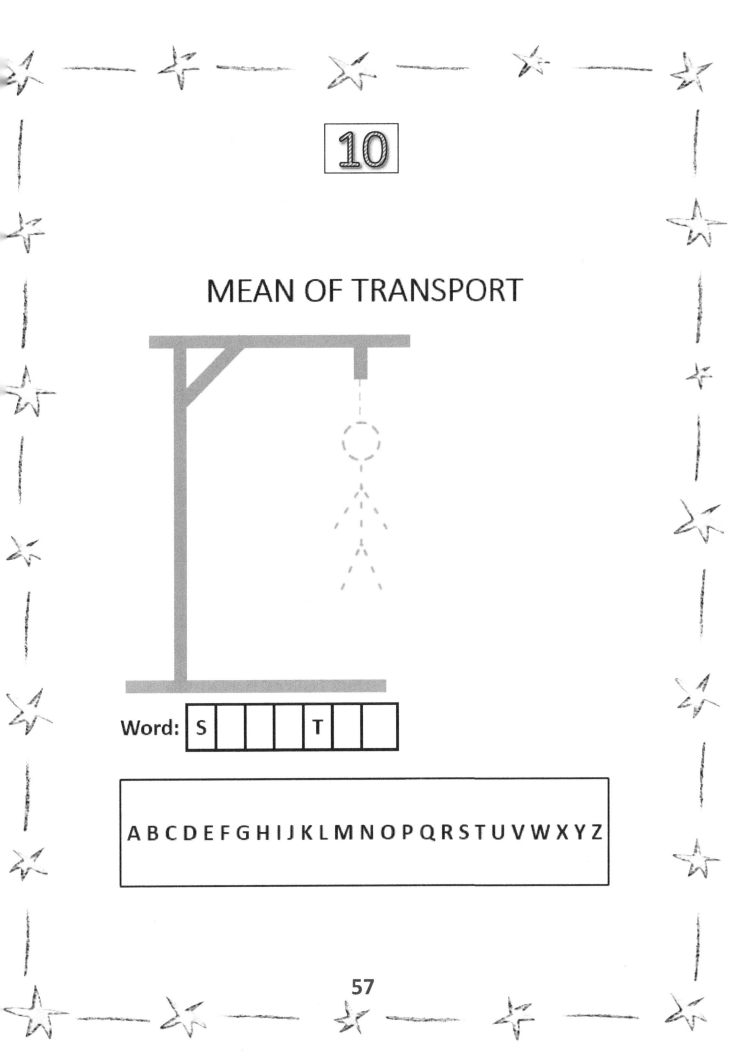

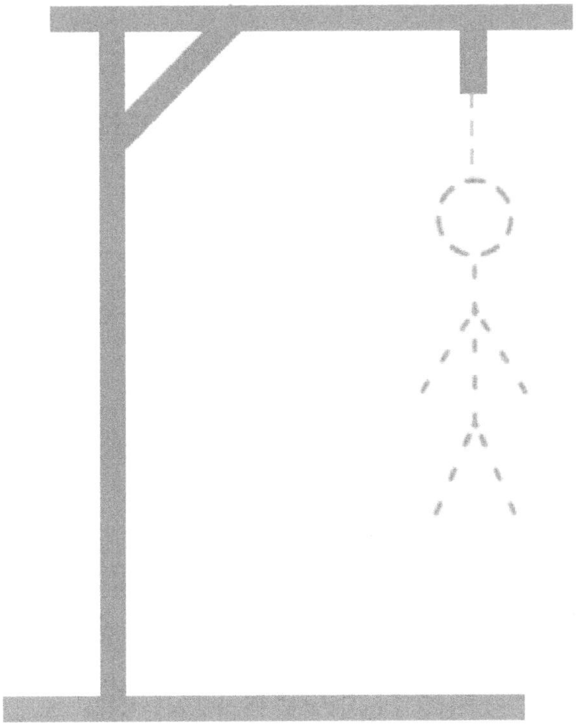

Word:

S				T		

A B C D E F G H I J K L M N O P Q R S T U V W X Y Z

6- Word search

HOW TO PLAY:

A word search puzzle is a word game that consists of the letters of words placed in a grid, which usually has a rectangular or square shape.
The objective of this puzzle is to find and mark all the words hidden inside the box.
The words may be placed horizontally, vertically, or diagonally.
Often a list of the hidden words is provided, but more challenging puzzles may not provide a list.
Many word search puzzles have a theme to which all the hidden words are related such as food, animals, or colors.

1

CIVISATIONS

B	D	X	D	S	V	F	I	T	D	N	N	M	X	F	T	X	V
J	M	X	T	V	E	B	O	E	A	H	S	U	N	L	J	B	V
A	F	F	J	L	G	L	I	I	I	I	I	A	U	B	E	L	G
G	B	X	M	K	W	A	C	O	H	N	I	A	D	G	U	Q	N
O	I	P	K	H	B	I	D	S	D	S	R	O	M	A	N	P	I
Q	A	Z	L	X	N	N	E	A	R	W	C	L	N	O	D	R	K
P	F	K	I	E	O	K	N	E	E	V	J	P	V	H	N	M	I
E	Z	O	O	D	O	T	P	D	P	N	Q	V	T	V	A	O	V
Z	Q	H	A	N	C	E	T	O	N	Q	Z	I	T	O	I	N	N
O	P	O	G	W	D	E	L	O	E	P	Z	K	A	B	N	I	A
R	U	K	Q	T	R	Y	T	Z	M	J	T	A	E	B	I	P	M
O	I	L	A	M	N	J	I	Z	B	A	A	M	R	L	G	L	H
E	I	U	W	E	S	W	B	R	A	S	N	Y	I	W	A	O	Z
J	A	Z	S	X	J	B	N	H	C	L	C	K	A	J	H	B	B
R	M	I	A	J	E	K	I	M	A	C	S	S	P	M	T	A	J
W	A	M	M	C	R	E	N	I	T	N	A	Z	Y	B	R	C	J
N	S	T	B	L	N	R	U	T	G	Q	L	R	U	X	A	R	F
V	W	K	N	J	D	I	V	J	S	E	K	N	Q	L	C	A	R

AZTEC
BYZANTINE
CARTHAGINIAN
INCA
MALI
MAYA
OTTOMAN
PERSIAN
PHOENICIAN
POLYNESIAN
ROMAN
VIKING

2

DRINKS

O	S	O	C	P	A	N	S	T	S	L	Z	S	A	M	T	V	B
H	K	F	I	H	C	E	C	I	U	J	N	F	E	L	I	U	J
C	H	O	J	Z	Z	K	P	U	R	I	Q	G	Q	T	J	P	L
O	P	M	F	S	A	N	G	R	I	A	S	N	V	X	E	D	N
F	W	I	B	D	K	X	V	L	L	V	Z	G	K	D	V	S	U
F	B	L	F	A	W	Q	K	E	E	F	S	V	Q	Q	F	K	E
E	J	K	I	V	C	G	B	J	P	F	S	M	J	L	Q	X	I
E	B	S	N	X	F	Q	P	H	G	C	A	R	R	B	X	O	H
C	N	H	W	A	A	J	J	P	N	C	T	E	O	S	O	I	T
W	K	A	F	L	U	T	Q	W	V	N	F	B	T	N	F	C	O
K	A	K	R	E	V	L	G	B	Q	C	D	M	I	I	A	E	O
T	B	E	A	M	V	H	U	T	T	M	A	C	E	O	B	D	M
P	W	U	X	O	C	U	T	G	U	T	C	L	T	H	M	T	S
L	Z	E	L	N	P	M	J	O	C	U	J	I	V	W	E	E	P
M	O	J	T	A	U	F	D	H	P	U	J	S	K	K	U	A	F
A	P	U	R	D	Q	R	A	P	U	O	B	D	O	N	S	Q	G
A	E	P	D	E	J	R	A	X	M	J	T	O	V	H	P	N	U
D	N	I	U	P	U	C	N	P	Z	X	S	O	D	A	G	S	N

CAPPUCCINO
COFFEE
ICED TEA
JUICE
LEMONADE
MATCHA
MILKSHAKE
MOJITO
SANGRIA
SMOOTHIE
SODA
TEA

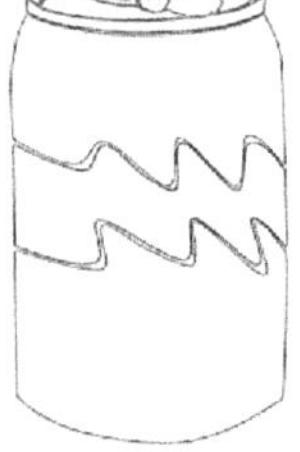

3

CONSOLES

Q	S	D	H	N	O	I	T	A	T	S	Y	A	L	P	G	Z	B
M	B	B	C	I	M	F	U	W	L	G	S	O	J	Q	G	Q	I
C	C	O	O	D	L	N	N	I	N	T	E	N	D	O	X	K	Z
D	D	C	V	I	Z	F	M	O	K	R	T	W	I	R	E	D	J
3	H	L	N	L	I	O	N	P	E	B	Z	N	G	W	W	W	Z
T	S	W	Z	Q	Q	H	U	A	V	F	T	Z	T	K	I	R	L
X	K	F	F	L	B	F	T	T	F	E	P	U	V	K	E	H	W
G	N	J	B	D	U	L	D	G	L	Z	R	I	B	D	E	B	L
M	O	Z	Z	O	N	Z	I	L	H	B	R	U	V	D	K	P	J
A	W	U	P	P	R	A	I	I	O	T	S	E	W	K	A	T	I
X	Z	M	Y	E	T	V	M	E	U	O	C	D	O	Z	G	G	B
Q	Z	O	Z	A	I	N	X	A	G	T	X	B	O	X	I	A	B
A	C	L	R	S	K	P	L	T	R	M	R	B	R	K	G	M	R
N	W	I	I	C	R	B	Q	E	V	S	H	N	T	C	C	E	J
I	Z	O	M	E	O	A	X	V	V	F	R	N	E	J	P	B	P
S	N	V	S	Y	G	F	O	E	P	W	L	Z	P	Q	L	O	E
A	W	S	M	E	B	U	M	I	T	B	E	J	K	C	Z	Y	K
N	N	O	S	V	A	R	T	F	M	H	D	P	N	O	U	G	C

3DO
ATARI
GAME BOY
INTELLIVISION
NINTENDO
OUYA
PLAYSTATION
SEGA
TURBOEXPRESS
VECTREX
VIRTUAL BOY
XBOX

4

HISTORICAL FIGURES

B	M	K	S	B	P	L	O	K	T	I	W	P	V	W	Z	L	M
T	F	J	C	E	Q	W	W	L	I	N	C	O	L	N	H	H	E
N	O	T	W	E	N	V	Z	N	L	S	L	J	M	L	G	P	R
E	L	T	O	T	S	I	R	A	P	N	Q	B	V	W	W	P	A
R	Z	A	X	B	K	Z	R	W	Z	I	B	S	D	N	S	J	E
X	W	L	E	A	G	E	D	P	M	E	V	Z	L	X	H	D	P
U	F	E	I	B	S	P	W	O	A	T	F	J	T	T	T	L	S
O	E	X	W	V	X	K	C	K	N	S	T	I	I	F	E	V	E
A	V	A	Z	P	C	B	W	Z	D	N	G	X	S	Z	B	D	K
Z	R	N	K	K	A	N	V	L	E	I	L	O	L	N	A	M	A
T	H	D	G	J	R	H	K	U	L	E	H	L	Q	U	Z	F	H
W	Q	E	O	L	I	A	H	E	A	N	I	G	A	W	I	D	S
C	C	R	W	H	L	F	U	H	O	H	Z	Q	B	R	L	J	O
B	C	V	D	H	P	C	X	N	C	F	R	M	G	L	E	P	F
Q	N	N	G	W	I	X	U	R	T	D	T	E	R	E	S	A	T
W	A	F	O	K	G	T	U	R	X	X	H	L	C	H	K	S	Z
G	I	A	O	E	G	H	P	S	U	D	D	P	C	P	P	G	D
T	N	L	I	L	C	J	S	E	T	A	R	C	O	S	H	K	B

ALEXANDER
ARISTOTLE
CHURCHILL
EINSTEIN
ELIZABETH
GANDHI
LINCOLN
MANDELA
NEWTON
SHAKESPEARE
SOCRATES
TERESA

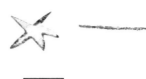

5

STUDYING SUBJECTS

L	G	Z	A	T	C	W	O	B	T	W	A	U	Z	M	U	B	U
Q	Y	G	O	L	O	I	C	O	S	K	F	K	W	F	Q	A	R
Z	V	X	M	S	K	N	Y	H	P	A	R	G	O	E	G	S	E
I	W	K	S	V	J	B	H	B	K	T	X	Z	C	L	A	C	Z
L	I	N	G	U	I	S	T	I	C	S	K	Q	R	B	U	I	E
C	H	W	E	R	U	T	C	E	T	I	H	C	R	A	S	T	J
C	N	D	P	N	L	X	P	E	N	C	N	K	Q	M	C	A	M
N	C	B	E	Y	T	P	Q	W	D	O	X	C	W	Q	L	M	B
C	I	R	O	M	A	H	X	Y	G	U	P	T	O	E	G	E	S
P	U	U	X	O	J	V	C	N	R	Q	C	B	P	N	V	H	K
T	G	R	U	N	M	B	C	R	X	T	G	A	P	I	A	T	Q
W	S	F	F	O	Y	X	I	P	R	O	S	Z	T	C	M	A	U
N	C	J	T	R	R	T	M	O	S	H	L	I	H	I	R	M	T
L	I	J	X	T	O	L	A	L	L	V	G	U	M	D	O	H	L
M	S	G	J	S	T	G	O	L	A	O	C	J	G	E	B	N	H
S	Y	N	A	A	S	I	F	H	P	T	G	U	L	M	H	B	W
F	H	M	D	P	I	U	P	S	S	A	J	Y	N	X	U	C	S
N	P	N	K	R	H	B	O	M	W	R	J	C	B	L	I	I	I

ARCHITECTURE
ASTRONOMY
BIOLOGY
CHEMISTRY
EDUCATION
GEOGRAPHY
HISTORY
LINGUISTICS
MATHEMATICS
MEDICINE
PHYSICS
SOCIOLOGY

6

PLANTS

V	W	B	U	S	H	L	W	L	H	W	T	I	N	H	B	A	Z
T	F	F	O	L	P	F	U	X	O	L	Q	T	O	Q	N	L	C
U	F	J	B	R	G	N	W	B	G	T	M	G	A	R	E	O	J
I	S	D	L	D	I	X	M	P	C	G	U	W	D	L	I	E	A
S	U	N	F	L	O	W	E	R	S	F	O	S	C	A	V	V	S
O	M	R	Q	P	Z	D	V	O	O	W	S	M	A	V	C	E	M
N	C	A	O	S	I	S	B	V	B	U	J	O	U	E	D	R	I
V	O	Z	F	H	X	K	O	R	C	N	X	M	A	N	S	A	N
R	N	O	C	S	U	T	C	A	C	W	V	L	E	D	D	O	E
T	B	R	B	W	E	G	A	C	V	I	I	T	H	E	K	O	U
J	O	G	Q	M	U	A	B	C	N	F	Q	H	X	R	I	Z	R
D	S	M	C	L	A	F	U	J	E	L	N	P	P	S	K	F	C
K	K	W	Z	I	A	B	L	R	T	P	I	L	U	T	R	N	Z
W	J	X	H	S	M	O	N	M	B	X	F	S	W	G	A	O	T
Z	I	S	F	S	G	S	I	I	B	A	S	I	L	U	Z	W	Q
W	Q	T	X	L	P	T	K	N	E	O	W	Z	I	M	Z	X	A
T	Z	B	J	Q	M	S	R	T	L	H	P	C	R	H	J	M	C
U	Q	J	O	K	A	C	A	X	M	Z	N	Q	B	C	X	A	S

ALOE VERA
BAMBOO
BASIL
CACTUS
FERN

JASMINE
LAVENDER
LOTUS
MINT
ORCHID

SUNFLOWER
TULIP

7

ANIMALS

R	N	V	P	F	J	A	I	F	L	Q	X	D	T	F	P	L	E
M	V	N	O	N	T	Z	T	I	K	X	P	A	N	D	A	G	P
T	K	H	B	S	S	P	P	D	R	P	I	W	I	Q	N	R	J
A	N	T	W	Q	H	J	P	K	G	Z	O	B	I	O	D	I	T
J	Z	A	X	S	J	I	Q	X	J	L	C	M	O	C	A	C	J
I	C	N	H	N	T	U	B	N	F	Q	H	R	N	P	J	G	L
J	B	G	V	P	X	Z	P	L	A	N	A	I	N	B	T	I	W
A	E	B	W	L	E	D	M	R	S	G	H	I	L	Q	M	R	Z
W	L	N	L	D	S	L	B	P	N	P	U	X	A	L	I	A	B
A	E	L	R	C	G	E	E	A	L	G	W	T	I	N	A	F	M
M	G	M	I	C	Z	O	K	O	N	W	F	S	Z	U	K	F	W
U	P	K	R	R	L	B	D	E	V	V	R	Z	P	R	S	E	J
M	W	N	A	Z	O	L	P	I	S	I	E	F	H	M	W	W	G
Z	R	Q	D	B	V	G	H	R	I	L	L	A	H	V	E	P	R
G	W	G	X	L	X	K	E	J	A	D	R	Z	U	E	O	M	N
W	D	B	Q	S	B	R	T	H	F	Q	S	U	P	O	T	C	O
B	E	A	G	L	E	P	W	W	F	B	I	I	O	B	N	A	H
N	T	G	Q	N	O	C	W	V	C	G	H	W	X	P	W	E	F

DOLPHIN
EAGLE
ELEPHANT
GIRAFFE
GORILLA

KANGAROO
OCTOPUS
PANDA
PENGUIN
WHALE

WOLF
ZEBRA

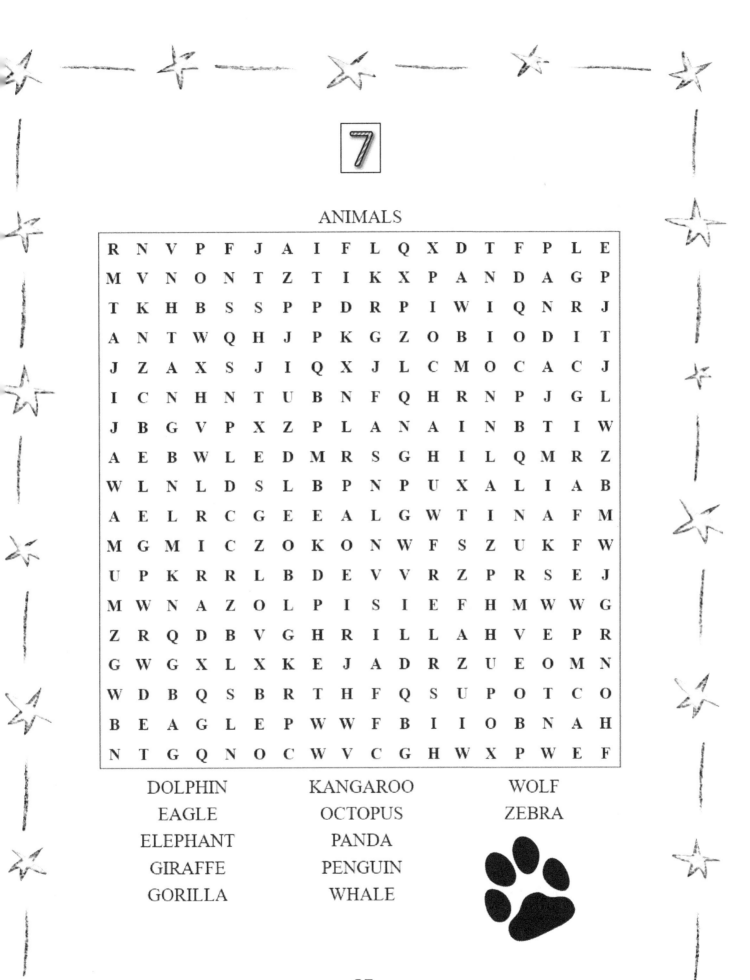

8

CLOTHES

M	S	Q	T	G	D	M	H	S	Y	B	G	U	R	Z	L	J	K
S	L	I	K	F	C	B	E	L	P	N	Q	E	Z	E	V	G	G
K	V	J	N	I	X	Q	N	G	S	T	A	J	L	Z	R	C	O
U	Q	I	L	N	A	I	F	S	K	G	B	F	L	O	G	L	B
G	N	I	D	U	E	E	C	K	I	W	G	I	Z	C	L	S	R
F	N	M	B	I	A	T	I	I	R	F	R	Q	R	F	V	U	M
A	P	I	S	M	G	D	G	I	G	A	N	I	I	O	P	R	R
H	I	Q	X	I	S	N	G	N	Q	G	C	S	F	O	B	F	K
S	R	O	L	O	K	G	B	G	H	K	N	G	Q	T	B	I	G
Z	U	F	G	Q	B	G	D	O	E	E	F	N	D	B	X	N	W
J	E	U	J	K	J	D	W	T	G	G	Z	I	Z	A	I	G	M
U	E	F	P	D	J	U	I	X	T	C	V	L	D	L	P	F	T
T	A	Z	S	X	X	J	X	P	V	L	S	C	L	L	C	Z	O
J	M	T	G	R	K	X	W	C	Z	Q	W	Y	P	C	P	S	X
W	T	S	W	I	M	M	I	N	G	D	Z	C	Q	S	Z	T	H
A	V	L	C	Y	E	K	C	O	H	E	C	I	D	Q	J	L	E
W	B	A	S	E	B	A	L	L	X	I	U	X	S	Q	I	X	G
J	J	M	I	Z	G	I	U	P	I	M	O	A	B	L	W	X	H

BASEBALL
BOXING
CRICKET
CYCLING
FOOTBALL
GOLF
ICE HOCKEY
RUGBY
SKIING
SURFING
SWIMMING
TENNIS

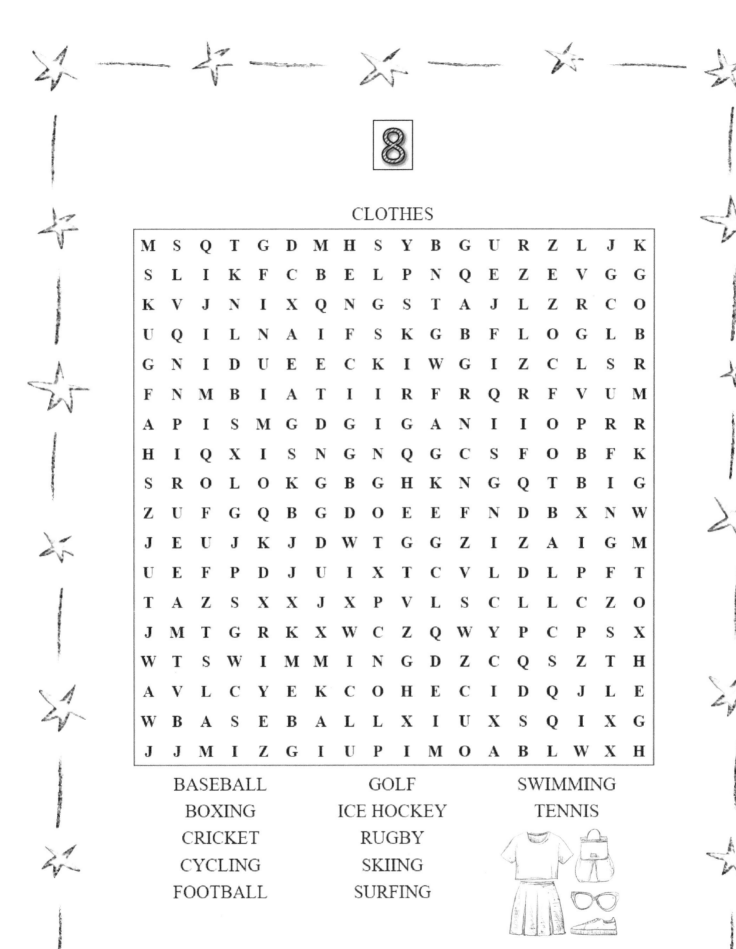

9

SPORTS

I	S	A	Z	T	O	Z	N	B	I	J	Z	S	F	T	A	V	D
T	V	T	A	C	E	Q	V	A	D	T	M	Q	F	S	A	L	C
V	M	X	R	O	E	G	J	V	R	W	K	C	G	Q	C	O	F
G	T	I	K	O	E	Z	M	V	E	S	T	V	I	K	L	T	C
H	L	I	A	W	H	R	F	J	L	E	C	W	Z	O	F	X	J
U	I	P	J	V	H	S	A	B	D	C	L	N	V	N	P	H	U
V	K	X	Q	V	Q	C	F	Q	S	S	E	X	M	E	X	M	R
M	Z	L	P	M	K	G	O	U	C	S	R	C	I	V	N	K	M
S	J	F	O	E	H	L	E	D	U	D	S	T	S	X	J	L	B
Z	T	W	T	O	S	T	S	O	R	U	J	K	R	I	A	N	C
Q	V	N	O	L	U	K	L	A	I	E	I	J	W	I	E	G	D
C	B	D	S	N	R	B	G	T	U	M	S	Z	O	R	K	C	B
K	I	Q	K	D	X	H	G	N	O	Q	U	S	R	E	F	S	F
E	V	D	O	B	N	U	C	N	V	T	P	F	K	Z	C	W	U
H	J	W	Z	G	T	L	O	L	R	K	T	R	D	A	B	N	G
H	P	W	H	N	O	S	Z	U	P	X	Q	I	I	L	W	C	R
V	N	A	V	R	Z	W	R	C	U	N	H	W	R	B	J	A	I
F	M	F	A	C	W	E	L	S	J	Q	W	P	D	D	M	J	K

BLAZER
BLOUSE
COAT
DRESS
HOODIE
JACKET
KILT
KIMONO
SHORTS
SKIRT
SUIT
VEST

10

MEANS OF TRANSPORT

Q	K	P	B	K	S	D	O	V	L	A	Y	A	G	X	R	M	R
O	T	H	J	F	R	K	D	N	T	C	U	A	F	J	N	M	Q
L	E	G	Z	R	F	E	X	D	S	R	M	G	W	G	E	T	F
U	S	M	I	T	S	A	T	G	O	F	E	D	A	G	Q	O	W
E	N	A	L	P	R	I	A	P	B	O	A	T	G	I	E	Z	E
M	I	Z	I	I	L	V	A	Z	O	R	T	Z	F	K	I	S	J
C	A	B	L	E	C	A	R	J	K	C	X	T	F	Q	N	A	S
V	F	I	M	Y	A	C	H	T	Z	T	I	V	G	U	R	H	C
V	Q	C	S	W	M	W	I	I	X	V	Q	L	D	R	S	M	O
N	K	C	Z	Z	D	D	B	F	Q	G	I	O	E	N	U	S	O
O	B	H	G	O	P	B	L	I	K	S	T	E	J	H	B	N	T
X	B	I	C	Y	C	L	E	C	O	I	Z	U	L	S	W	D	E
I	W	A	H	S	K	C	I	R	J	D	U	T	E	Q	A	U	R
D	P	N	J	X	I	F	E	R	R	Y	D	Q	X	T	Y	R	H
G	A	E	O	Q	U	Q	B	P	N	S	E	Q	V	S	J	D	Q
B	X	W	R	N	J	T	C	R	Z	N	S	M	U	H	D	N	W
R	K	S	P	A	S	V	J	F	U	D	M	Q	X	W	G	O	U
M	P	D	F	F	P	C	T	X	H	W	V	F	S	Z	N	J	W

AIRPLANE
BICYCLE
BOAT
CABLE CAR
FERRY

HELICOPTER
JET SKI
RICKSHAW
SCOOTER
SEGWAY

SUBWAY
YACHT

7- TIC TAC TOE

HOW TO PLAY:

The game is played on a grid that's 9 squares

- You are X, the other player is O.
- Players take turns putting their marks in empty squares.
- The first player to get 3 of her marks in a row (up, down, across, or diagonally) is the winner.
- When all 9 squares are full, the game is over.

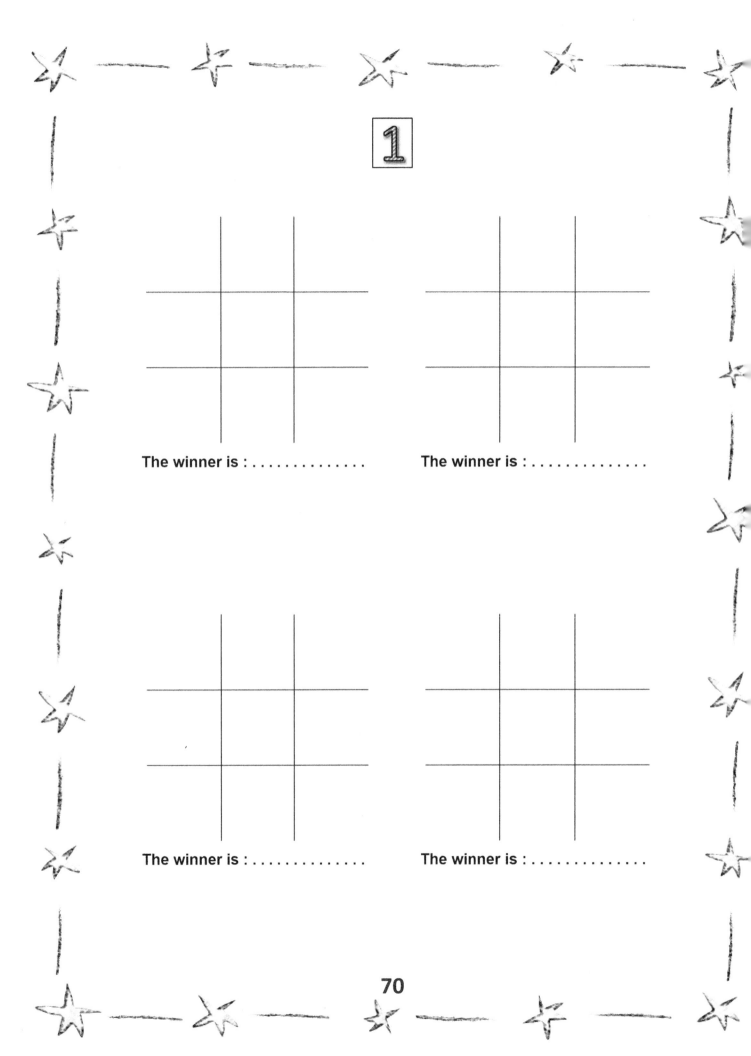

1

The winner is : . . . .

The winner is : . . . .

The winner is : . . . .

The winner is : . . . .

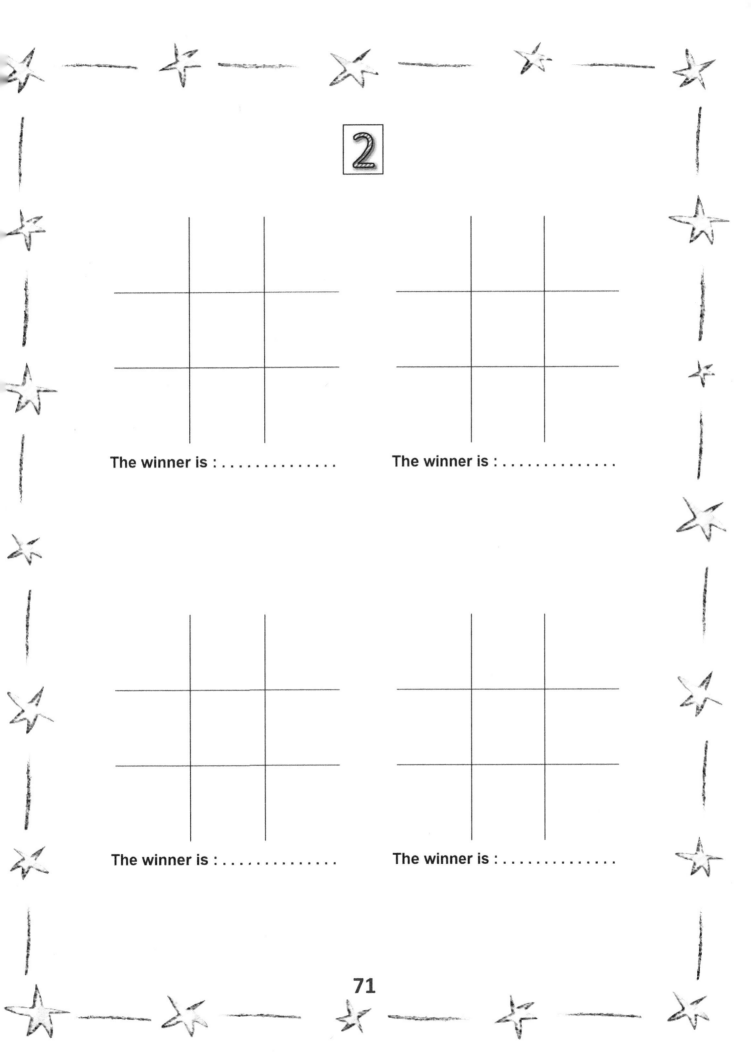

2

The winner is : . . . .

The winner is : . . . .

The winner is : . . . .

The winner is : . . . .

3

The winner is : . . . .

The winner is : . . . .

The winner is : . . . .

The winner is : . . . .

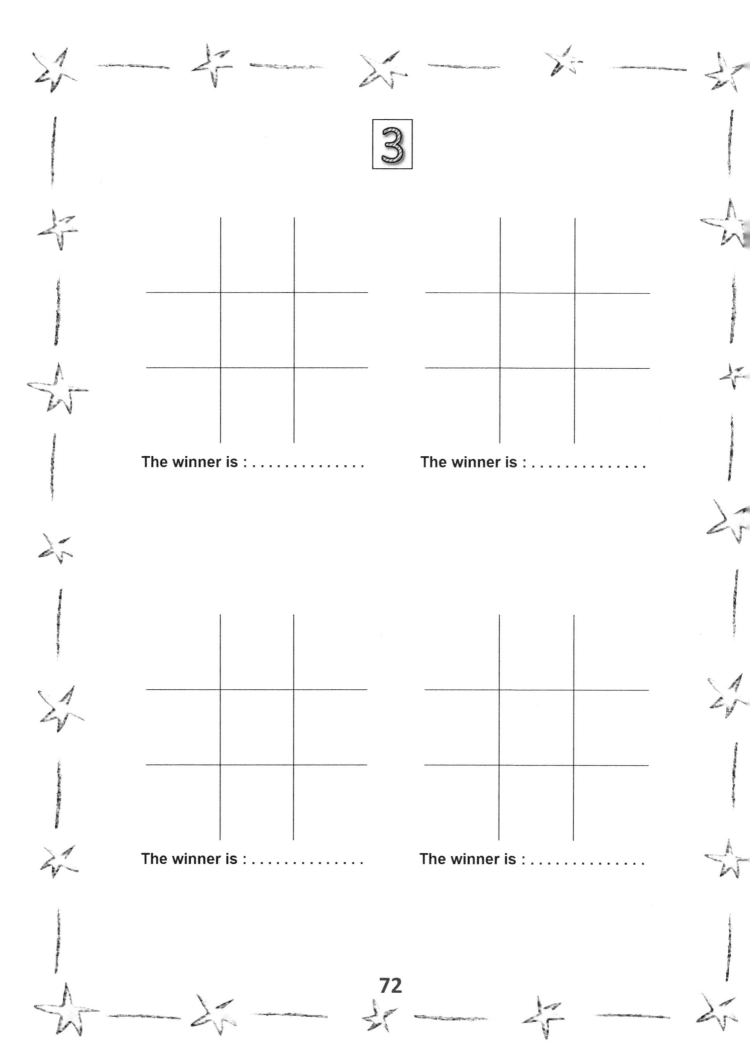

4

The winner is : . . . .

The winner is : . . . .

The winner is : . . . .

The winner is : . . . .

5

The winner is : . . . .

The winner is : . . . .

The winner is : . . . .

The winner is : . . . .

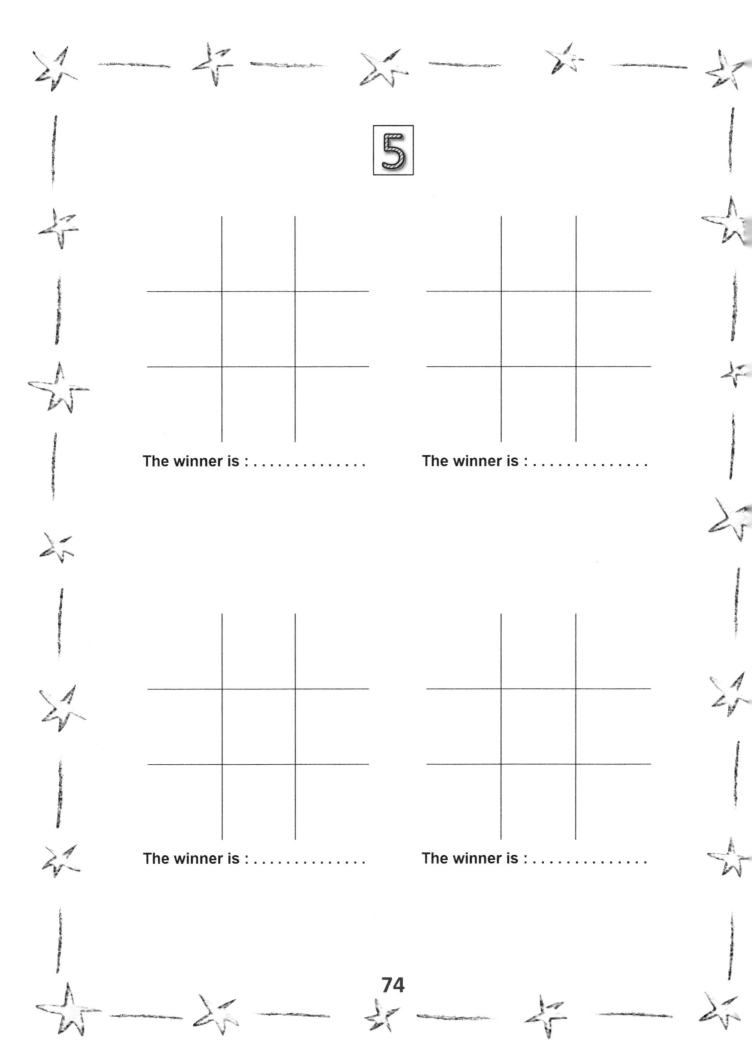

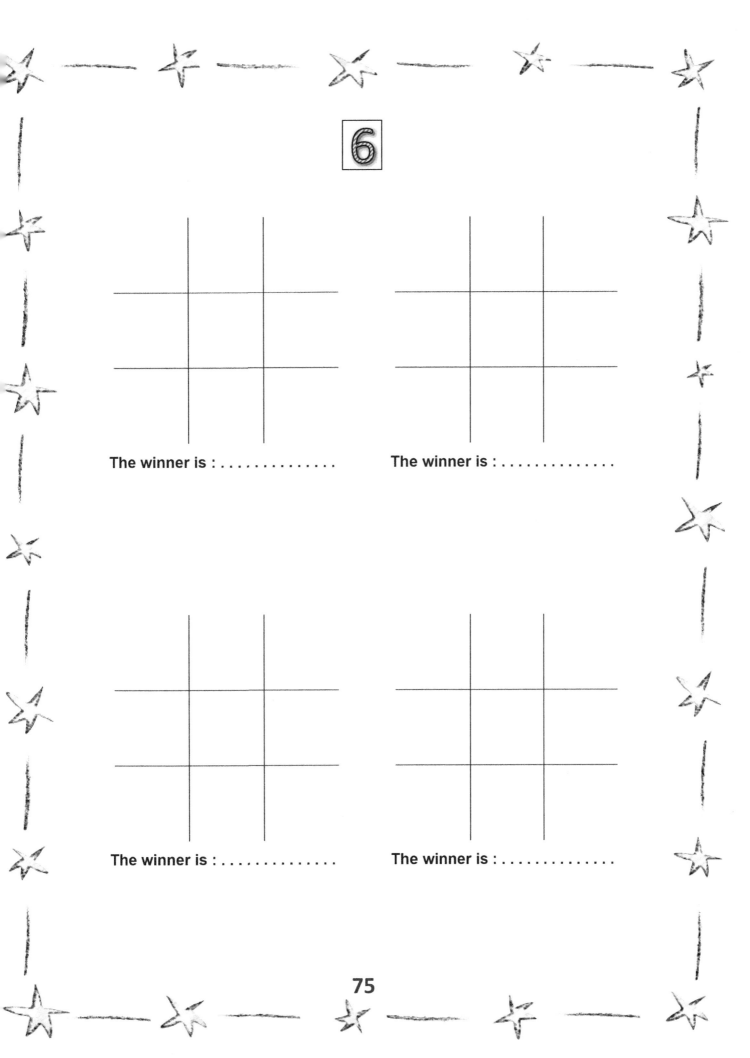

6

The winner is : . . . .

The winner is : . . . .

The winner is : . . . .

The winner is : . . . .

7

The winner is : . . . .

The winner is : . . . .

The winner is : . . . .

The winner is : . . . .

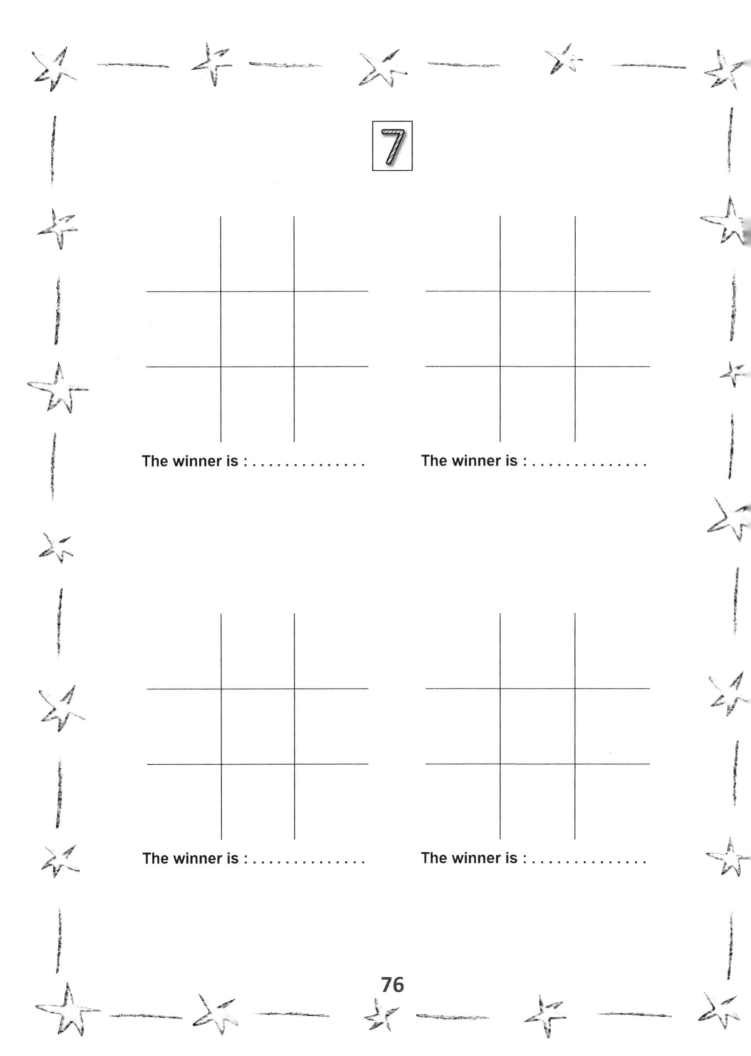

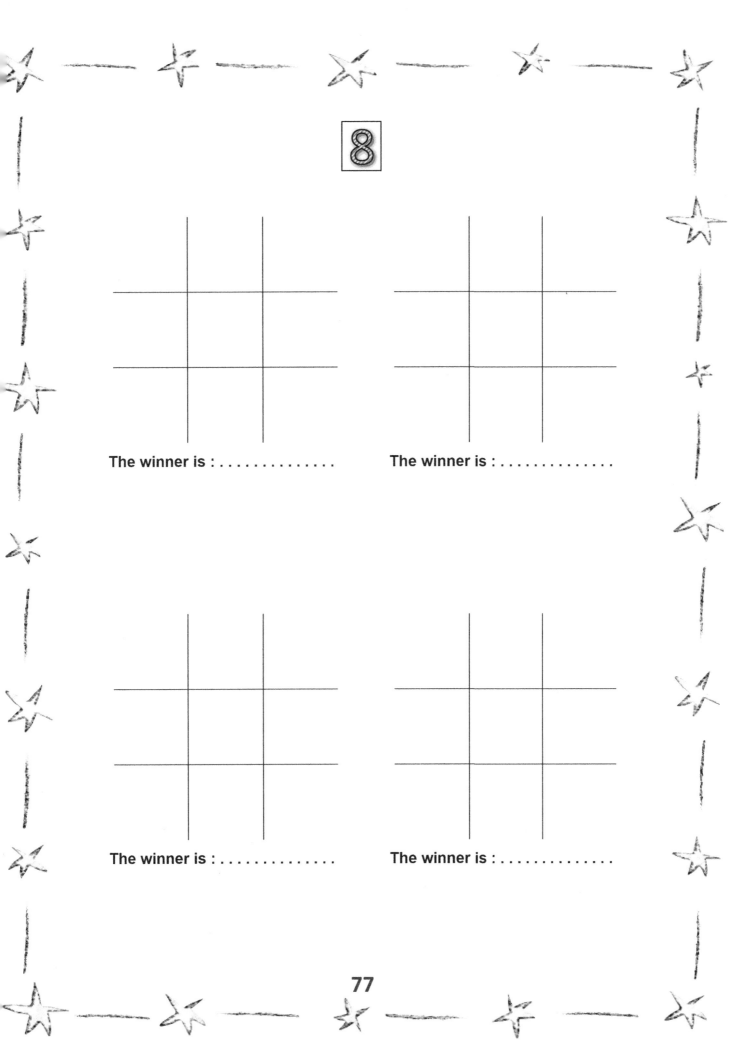

8

The winner is : . . . .

The winner is : . . . .

The winner is : . . . .

The winner is : . . . .

9

The winner is : . . . .

The winner is : . . . .

The winner is : . . . .

The winner is : . . . .

10

The winner is : . . . .

The winner is : . . . .

The winner is : . . . .

The winner is : . . . .

SOLUTIONS

3- Mazes

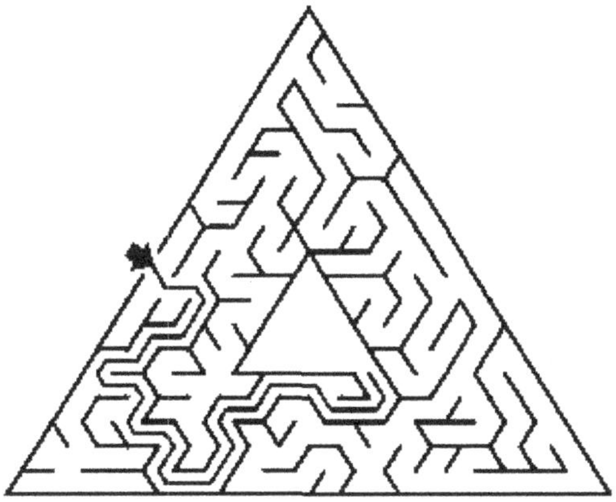

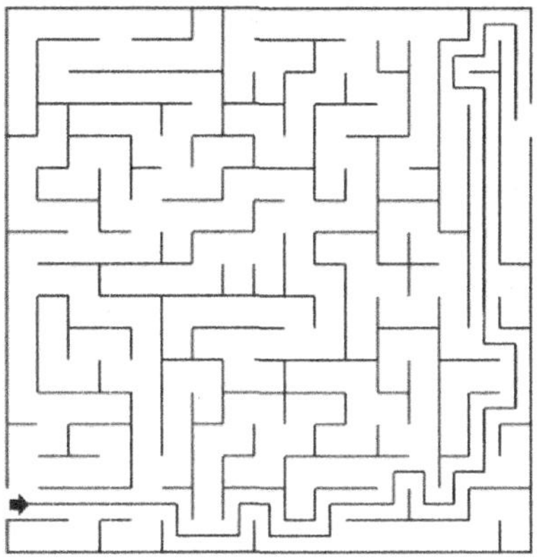

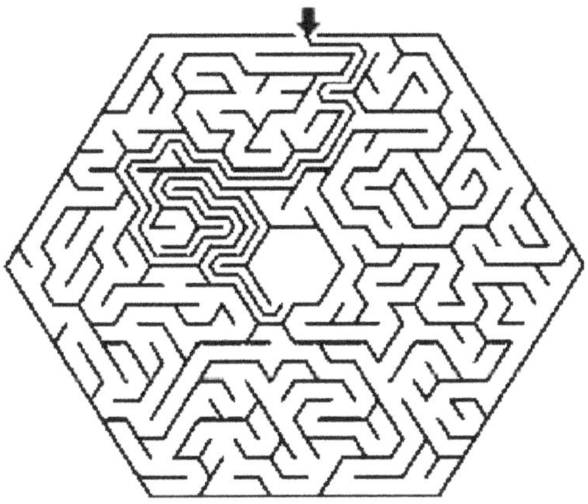

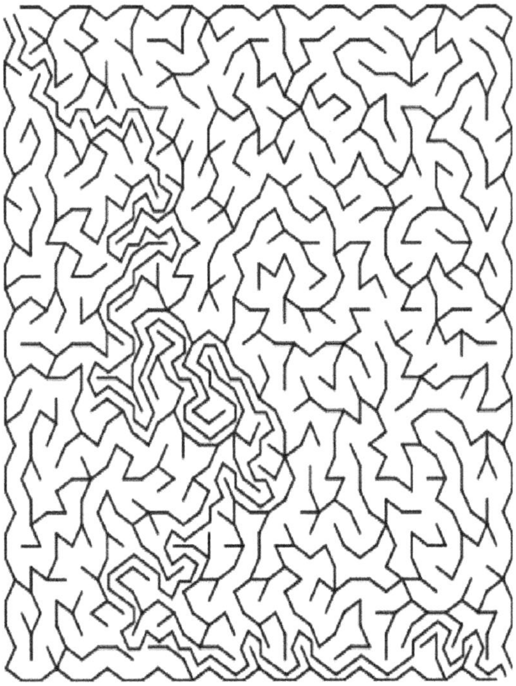

4- Spot the odd one out

1

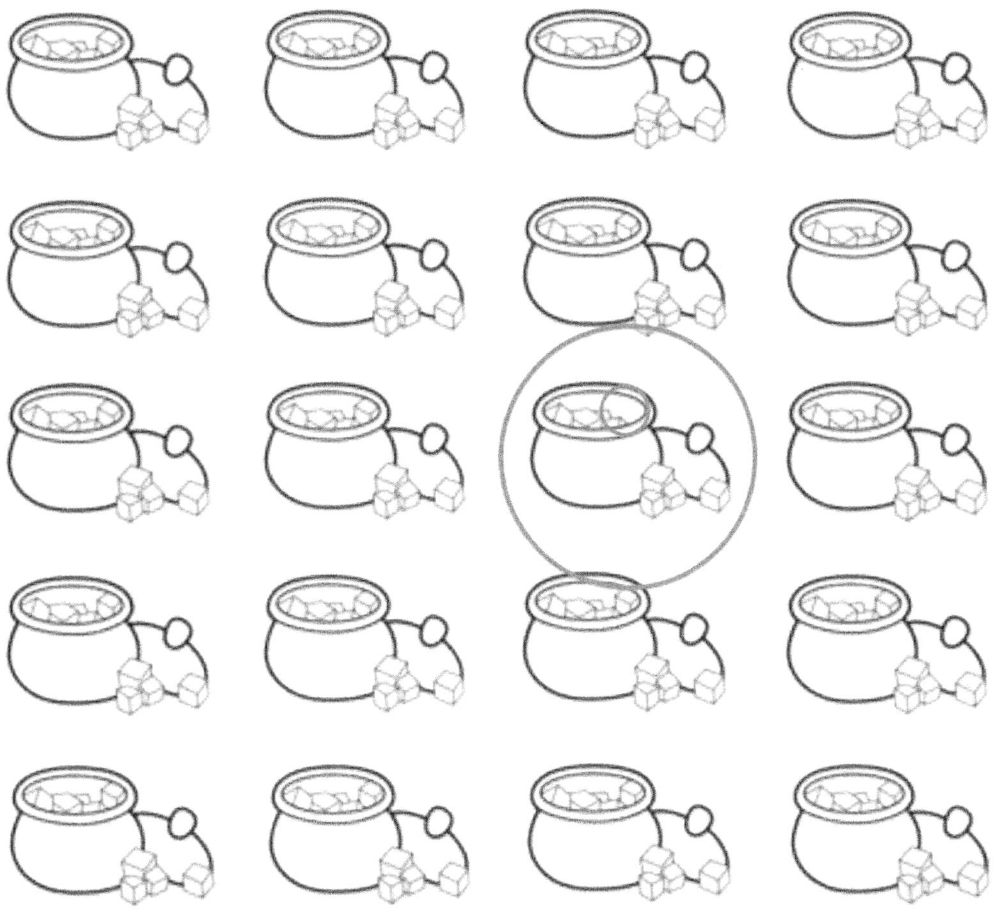

2

3

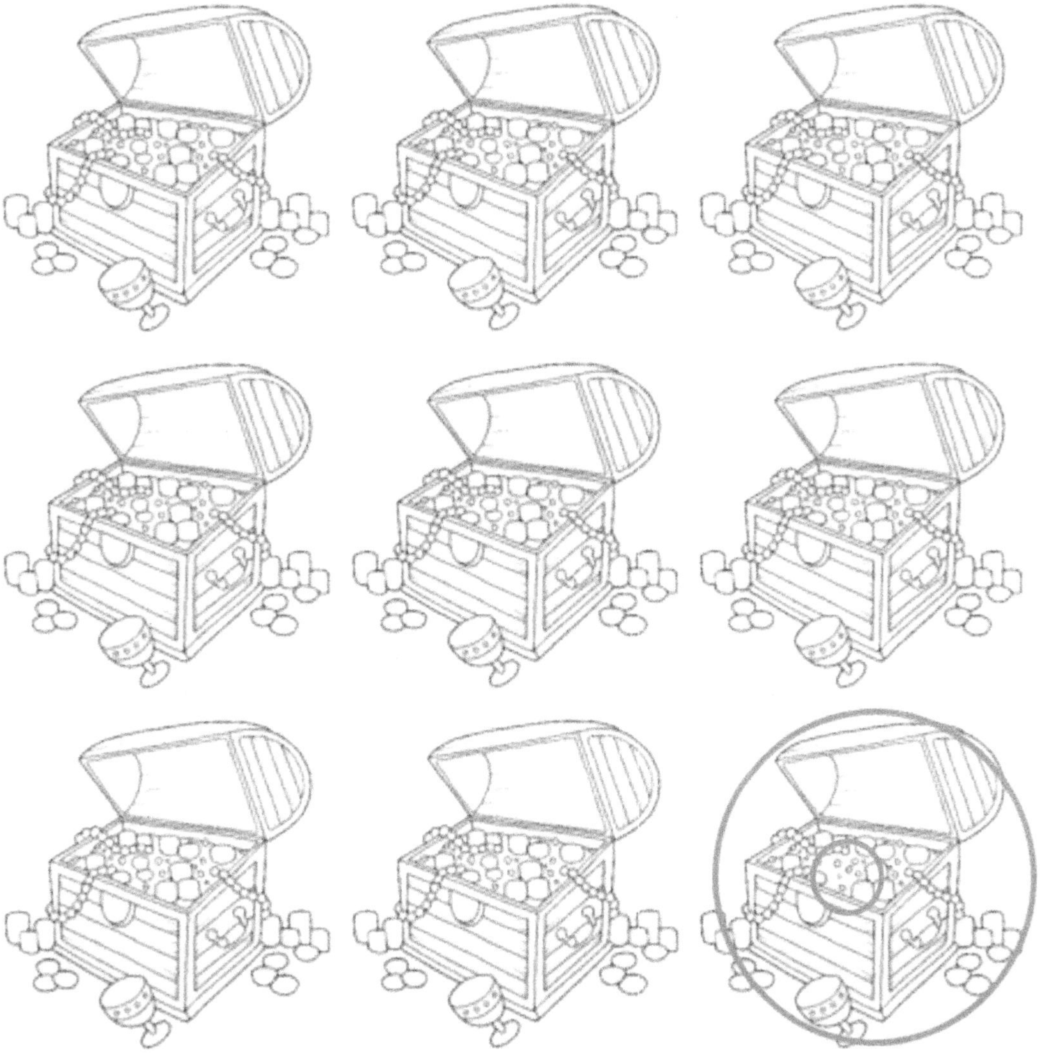

4

5

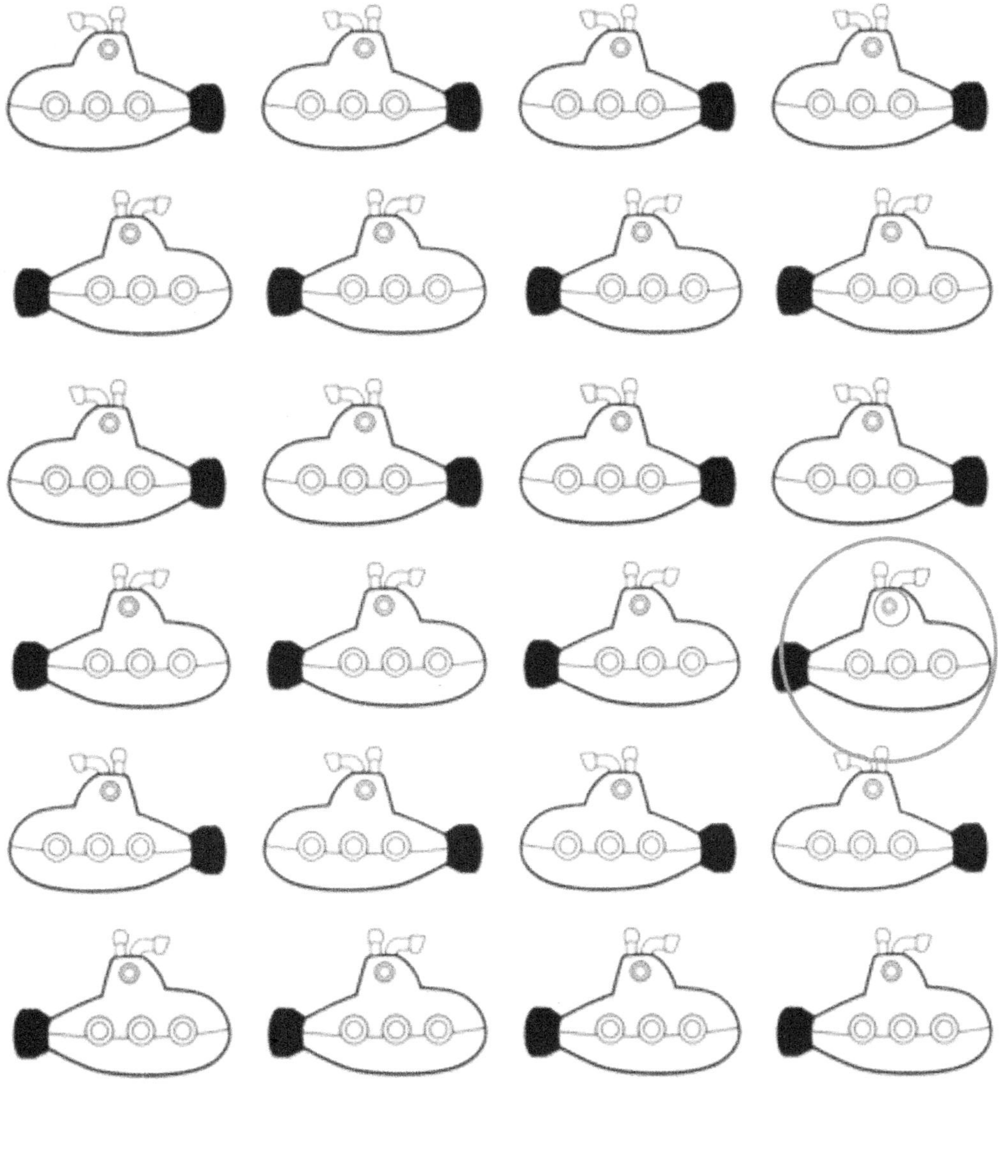

6

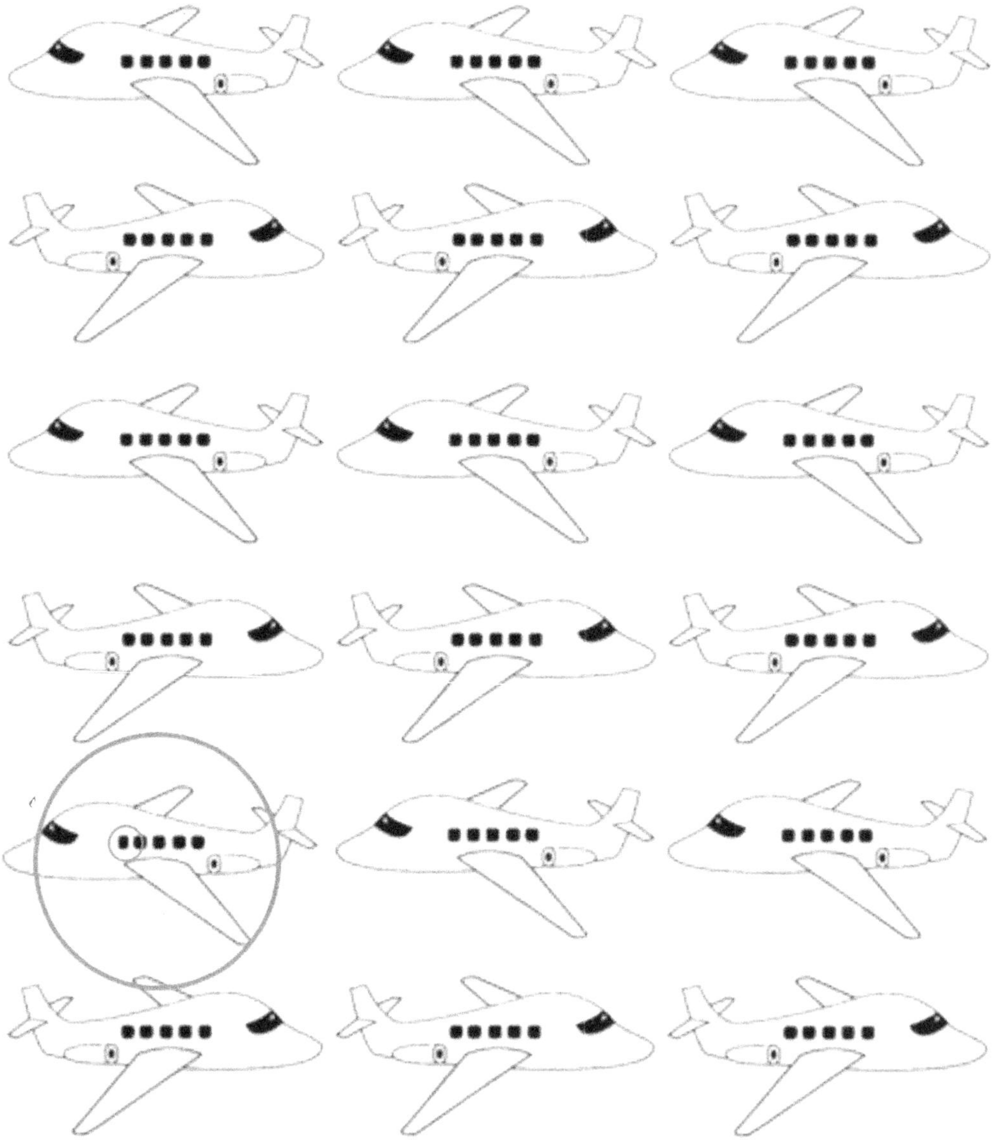

7

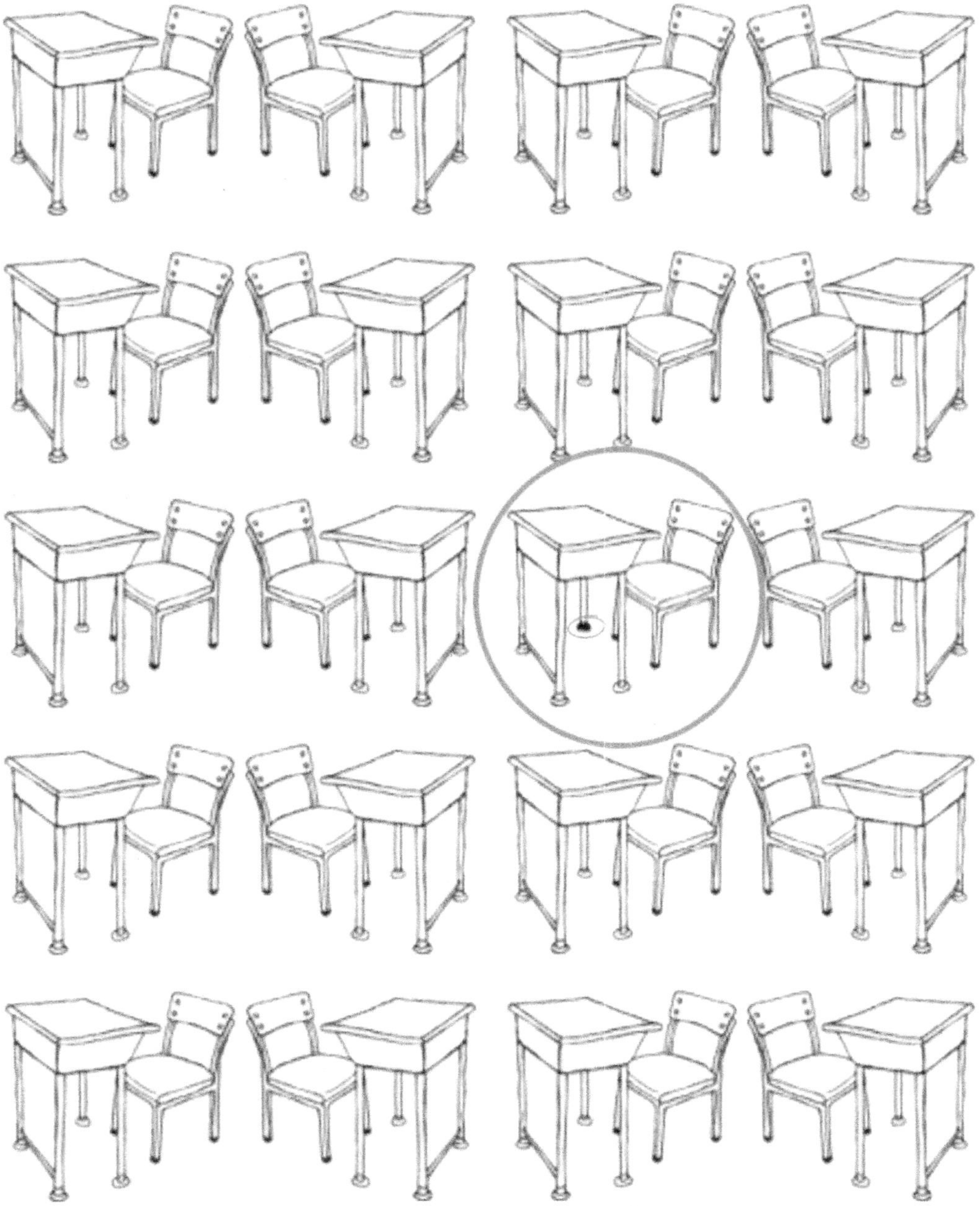

8

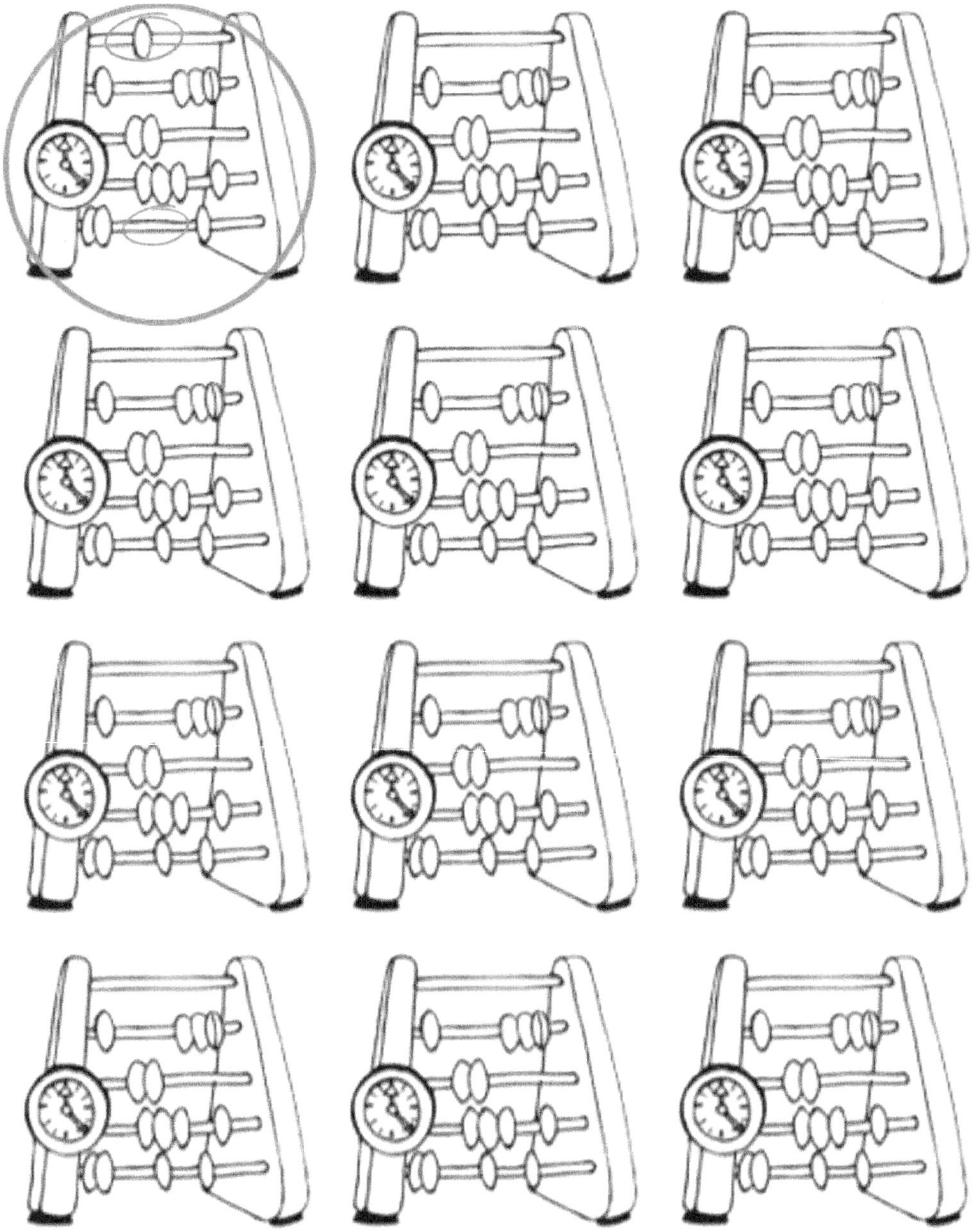

9

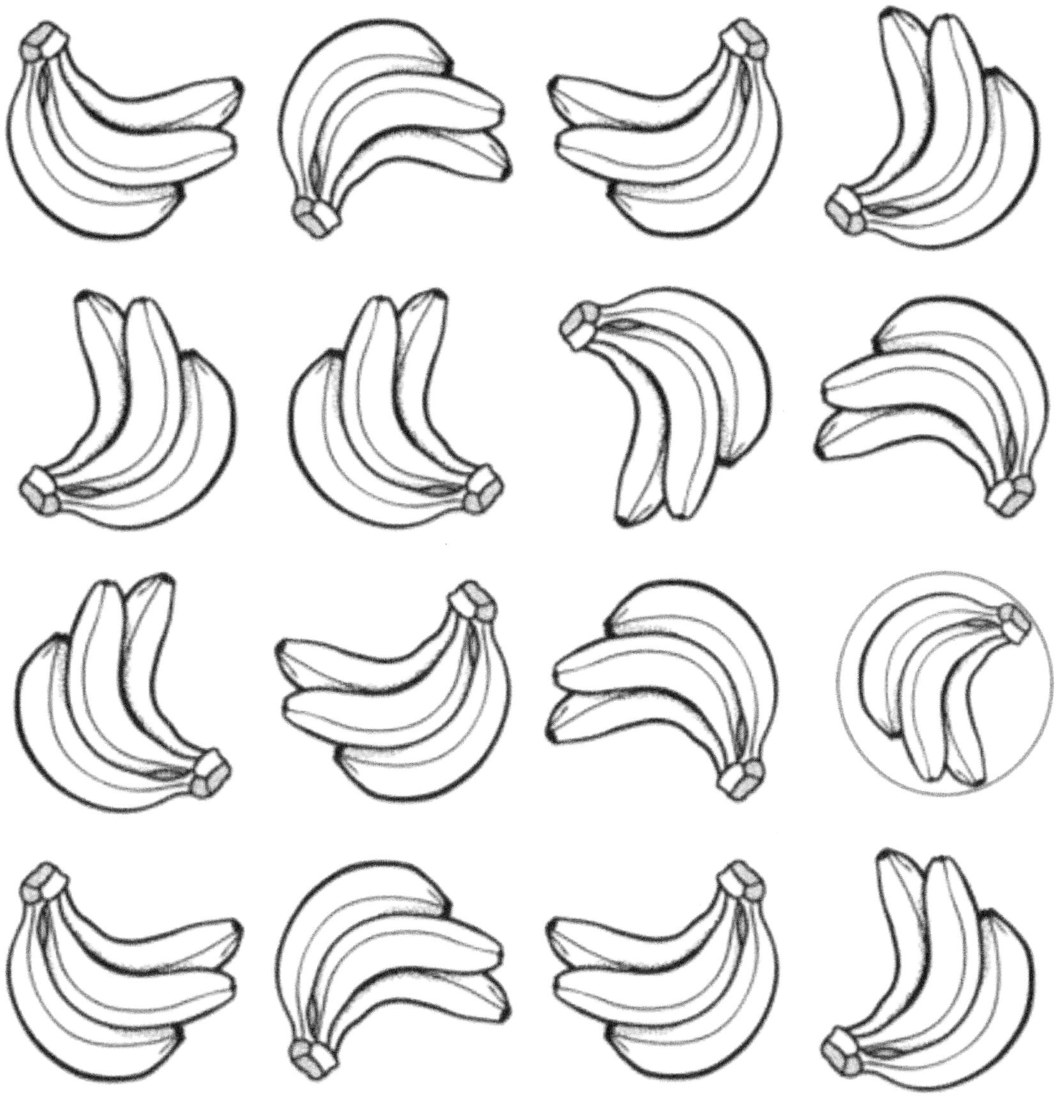

10

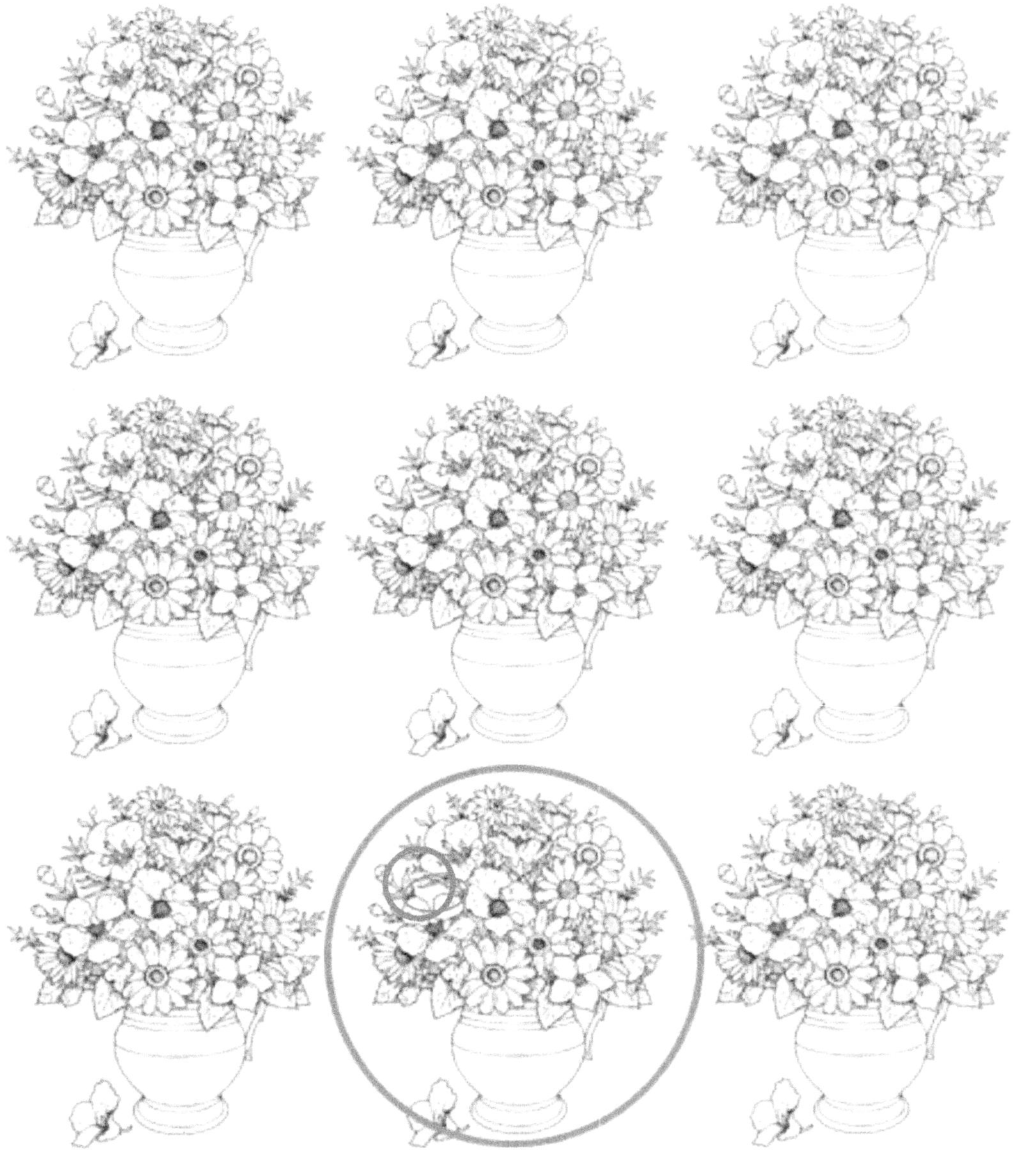

5- Hangman

FRUIT

K	I	W	I

VEGETABLE

A	U	B	E	R	G	I	N	E

SPORT

S	W	I	M	M	I	N	G

COUNTRY

C	A	N	A	D	A

COLOUR

P	U	R	P	L	E

PROFESSION

G	A	R	D	E	N	E	R

GADGET

A	I	R	B	U	D	S

FOOD

B	R	E	A	D

LANGUAGE

C	H	I	N	E	S	E

MEAN OF TRANSPORT

S	C	O	O	T	E	R

6- Word search

CIVISATIONS (Solution)

B	D	X	D	S	V	F	I	T	D	N	N	M	X	F	T	X	V
J	M	X	T	V	E	B	O	E	A	H	S	U	N	L	J	B	V
A	F	F	J	L	G	L	I	I	I	I	I	A	U	B	E	L	G
G	B	X	M	K	W	A	C	O	H	N	I	A	D	G	U	Q	N
O	I	P	K	H	B	I	D	S	D	S	R	O	M	A	N	P	I
Q	A	Z	L	X	N	N	E	A	R	W	C	L	N	O	D	R	K
P	F	K	I	E	O	K	N	E	E	V	J	P	V	H	N	M	I
E	Z	O	O	D	O	T	P	D	P	N	Q	V	T	V	A	O	V
Z	Q	H	A	N	C	E	T	O	N	Q	Z	I	T	O	I	N	N
O	P	O	G	W	D	E	L	O	E	P	Z	K	A	B	N	I	A
R	U	K	Q	T	R	Y	T	Z	M	J	T	A	E	B	I	P	M
O	I	L	A	M	N	J	I	Z	B	A	A	M	R	L	G	L	H
E	I	U	W	E	S	W	B	R	A	S	N	Y	I	W	A	O	Z
J	A	Z	S	X	J	B	N	H	C	L	C	K	A	J	H	B	B
R	M	I	A	J	E	K	I	M	A	C	S	S	P	M	T	A	J
W	A	M	M	C	R	E	N	I	T	N	A	Z	Y	B	R	C	J
N	S	T	B	L	N	R	U	T	G	Q	L	R	U	X	A	R	F
V	W	K	N	J	D	I	V	J	S	E	K	N	Q	L	C	A	R

DRINKS (Solution)

O	S	O	C	P	A	N	S	T	S	L	Z	S	A	M	T	V	B
H	K	F	I	H	C	E	C	I	U	J	N	F	E	L	I	U	J
C	H	O	J	Z	Z	K	P	U	R	I	Q	G	Q	T	J	P	L
O	P	M	F	S	A	N	G	R	I	A	S	N	V	X	E	D	N
F	W	I	B	D	K	X	V	L	L	V	Z	G	K	D	V	S	U
F	B	L	F	A	W	Q	K	E	E	F	S	V	Q	Q	F	K	E
E	J	K	I	V	C	G	B	J	P	F	S	M	J	L	Q	X	I
E	B	S	N	X	F	Q	P	H	G	C	A	R	R	B	X	O	H
C	N	H	W	A	A	J	J	P	N	C	T	E	O	S	O	I	T
W	K	A	F	L	U	T	Q	W	V	N	F	B	T	N	F	C	O
K	A	K	R	E	V	L	G	B	Q	C	D	M	I	I	A	E	O
T	B	E	A	M	V	H	U	T	T	M	A	C	E	O	B	D	M
P	W	U	X	O	C	U	T	G	U	T	C	L	T	H	M	T	S
L	Z	E	L	N	P	M	J	O	C	U	J	I	V	W	E	E	P
M	O	J	T	A	U	F	D	H	P	U	J	S	K	K	U	A	F
A	P	U	R	D	Q	R	A	P	U	O	B	D	O	N	S	Q	G
A	E	P	D	E	J	R	A	X	M	J	T	O	V	H	P	N	U
D	N	I	U	P	U	C	N	P	Z	X	S	O	D	A	G	S	N

CONSOLES (Solution)

Q	S	D	H	N	O	I	T	A	T	S	Y	A	L	P	G	Z	B
M	B	B	C	I	M	F	U	W	L	G	S	O	J	Q	G	Q	I
C	C	O	O	D	L	N	N	I	N	T	E	N	D	O	X	K	Z
D	D	C	V	I	Z	F	M	O	K	R	T	W	I	R	E	D	J
3	H	L	N	L	I	O	N	P	E	B	Z	N	G	W	W	W	Z
T	S	W	Z	Q	Q	H	U	A	V	F	T	Z	T	K	I	R	L
X	K	F	F	L	B	F	T	T	F	E	P	U	V	K	E	H	W
G	N	J	B	D	U	L	D	G	L	Z	R	I	B	D	E	B	L
M	O	Z	Z	O	N	Z	I	L	H	B	R	U	V	D	K	P	J
A	W	U	P	P	R	A	I	I	O	T	S	E	W	K	A	T	I
X	Z	M	Y	E	T	V	M	E	U	O	C	D	O	Z	G	G	B
Q	Z	O	Z	A	I	N	X	A	G	T	X	B	O	X	I	A	B
A	C	L	R	S	K	P	L	T	R	M	R	B	R	K	G	M	R
N	W	I	I	C	R	B	O	E	V	S	H	N	T	C	C	E	J
I	Z	O	M	E	O	A	X	V	V	F	R	N	E	J	P	B	P
S	N	V	S	Y	G	F	O	E	P	W	L	Z	P	Q	L	O	E
A	W	S	M	E	B	U	M	I	T	B	E	J	K	C	Z	Y	K
N	N	O	S	V	A	R	T	F	M	H	D	P	N	O	U	G	C

HISTORICAL FIGURES (Solution)

B	M	K	S	B	P	L	O	K	T	I	W	P	V	W	Z	L	M
T	F	J	C	E	Q	W	W	L	I	N	C	O	L	N	H	H	E
N	O	T	W	E	N	V	Z	N	L	S	L	J	M	L	G	P	R
E	L	T	O	T	S	I	R	A	P	N	Q	B	V	W	W	P	A
R	Z	A	X	B	K	Z	R	W	Z	I	B	S	D	N	S	J	E
X	W	L	E	A	G	E	D	P	M	E	V	Z	L	X	H	D	P
U	F	E	I	B	S	P	W	O	A	T	F	J	T	T	T	L	S
O	E	X	W	V	X	K	C	K	N	S	T	I	I	F	E	V	E
A	V	A	Z	P	C	B	W	Z	D	N	G	X	S	Z	B	D	K
Z	R	N	K	K	A	N	V	L	E	I	L	O	L	N	A	M	A
T	H	D	G	J	R	H	K	U	L	E	H	L	Q	U	Z	F	H
W	Q	E	O	L	I	A	H	E	A	N	I	G	A	W	I	D	S
C	C	R	W	H	L	F	U	H	O	H	Z	Q	B	R	L	J	O
B	C	V	D	H	P	C	X	N	C	F	R	M	G	L	E	P	F
Q	N	N	G	W	I	X	U	R	T	D	T	E	R	E	S	A	T
W	A	F	O	K	G	T	U	R	X	X	H	L	C	H	K	S	Z
G	I	A	O	E	G	H	P	S	U	D	D	P	C	P	P	G	D
T	N	L	I	L	C	J	S	E	T	A	R	C	O	S	H	K	B

STUDYING SUBJECTS (Solution)

L	G	Z	A	T	C	W	O	B	T	W	A	U	Z	M	U	B	U
Q	Y	G	O	L	O	I	C	O	S	K	F	K	W	F	Q	A	R
Z	V	X	M	S	K	N	Y	H	P	A	R	G	O	E	G	S	E
I	W	K	S	V	J	B	H	B	K	T	X	Z	C	L	A	C	Z
L	I	N	G	U	I	S	T	I	C	S	K	Q	R	B	U	I	E
C	H	W	E	R	U	T	C	E	T	I	H	C	R	A	S	T	J
C	N	D	P	N	L	X	P	E	N	C	N	K	Q	M	C	A	M
N	C	B	E	Y	T	P	Q	W	D	O	X	C	W	Q	L	M	B
C	I	R	O	M	A	H	X	Y	G	U	P	T	O	E	G	E	S
P	U	U	X	O	J	V	C	N	R	Q	C	B	P	N	V	H	K
T	G	R	U	N	M	B	C	R	X	T	G	A	P	I	A	T	Q
W	S	F	F	O	Y	X	I	P	R	O	S	Z	T	C	M	A	U
N	C	J	T	R	R	T	M	O	S	H	L	I	H	I	R	M	T
L	I	J	X	T	O	L	A	L	L	V	G	U	M	D	O	H	L
M	S	G	J	S	T	G	O	L	A	O	C	J	G	E	B	N	H
S	Y	N	A	A	S	I	F	H	P	T	G	U	L	M	H	B	W
F	H	M	D	P	I	U	P	S	S	A	J	Y	N	X	U	C	S
N	P	N	K	R	H	B	O	M	W	R	J	C	B	L	I	I	I

PLANTS (Solution)

V	W	B	U	S	H	L	W	L	H	W	T	I	N	H	B	A	Z
T	F	F	O	L	P	F	U	X	O	L	Q	T	O	Q	N	L	C
U	F	J	B	R	G	N	W	B	G	T	M	G	A	R	E	O	J
I	S	D	L	D	I	X	M	P	C	G	U	W	D	L	I	E	A
S	U	N	F	L	O	W	E	R	S	F	O	S	C	A	V	V	S
O	M	R	Q	P	Z	D	V	O	O	W	S	M	A	V	C	E	M
N	C	A	O	S	I	S	B	V	B	U	J	O	U	E	D	R	I
V	O	Z	F	H	X	K	O	R	C	N	X	M	A	N	S	A	N
R	N	O	C	S	U	T	C	A	C	W	V	L	E	D	D	O	E
T	B	R	B	W	E	G	A	C	V	I	I	T	H	E	K	O	U
J	O	G	Q	M	U	A	B	C	N	F	Q	H	X	R	I	Z	R
D	S	M	C	L	A	F	U	J	E	L	N	P	P	S	K	F	C
K	K	W	Z	I	A	B	L	R	T	P	I	L	U	T	R	N	Z
W	J	X	H	S	M	O	N	M	B	X	F	S	W	G	A	O	T
Z	I	S	F	S	G	S	I	I	B	A	S	I	L	U	Z	W	Q
W	Q	T	X	L	P	T	K	N	E	O	W	Z	I	M	Z	X	A
T	Z	B	J	Q	M	S	R	T	L	H	P	C	R	H	J	M	C
U	Q	J	O	K	A	C	A	X	M	Z	N	Q	B	C	X	A	S

ANIMALS (Solution)

R	N	V	P	F	J	A	I	F	L	Q	X	D	T	F	P	L	E
M	V	N	O	N	T	Z	T	I	K	X	P	A	N	D	A	G	P
T	K	H	B	S	S	P	P	D	R	P	I	W	I	Q	N	R	J
A	N	T	W	Q	H	J	P	K	G	Z	O	B	I	O	D	I	T
J	Z	A	X	S	J	I	Q	X	J	L	C	M	O	C	A	C	J
I	C	N	H	N	T	U	B	N	F	Q	H	R	N	P	J	G	L
J	B	G	V	P	X	Z	P	L	A	N	A	I	N	B	T	I	W
A	E	B	W	L	E	D	M	R	S	G	H	I	L	Q	M	R	Z
W	L	N	L	D	S	L	B	P	N	P	U	X	A	L	I	A	B
A	E	L	R	C	G	E	E	A	L	G	W	T	I	N	A	F	M
M	G	M	I	C	Z	O	K	O	N	W	F	S	Z	U	K	F	W
U	P	K	R	R	L	B	D	E	V	V	R	Z	P	R	S	E	J
M	W	N	A	Z	O	L	P	I	S	L	E	F	H	M	W	W	G
Z	R	Q	D	B	V	G	H	R	I	L	L	A	H	V	E	P	R
G	W	G	X	L	X	K	E	J	A	D	R	Z	U	E	O	M	N
W	D	B	Q	S	B	R	T	H	F	Q	S	U	P	O	T	C	O
B	E	A	G	L	E	P	W	W	F	B	I	I	O	B	N	A	H
N	T	G	Q	N	O	C	W	V	C	G	H	W	X	P	W	E	F

CLOTHES (Solution)

M	S	Q	T	G	D	M	H	S	Y	B	G	U	R	Z	L	J	K
S	L	I	K	F	C	B	E	L	P	N	Q	E	Z	E	V	G	G
K	V	J	N	I	X	Q	N	G	S	T	A	J	L	Z	R	C	O
U	Q	I	L	N	A	I	F	S	K	G	B	F	L	O	G	L	B
G	N	I	D	U	E	E	C	K	I	W	G	I	Z	C	L	S	R
F	N	M	B	I	A	T	I	I	R	F	R	Q	R	F	V	U	M
A	P	I	S	M	G	D	G	I	G	A	N	I	I	O	P	R	R
H	I	Q	X	I	S	N	G	N	Q	G	C	S	F	O	B	F	K
S	R	O	L	O	K	G	B	G	H	K	N	G	Q	T	B	I	G
Z	U	F	G	Q	B	G	D	O	E	E	F	N	D	B	X	N	W
J	E	U	J	K	J	D	W	T	G	G	Z	I	Z	A	I	G	M
U	E	F	P	D	J	U	I	X	T	C	V	L	D	L	P	F	T
T	A	Z	S	X	X	J	X	P	V	L	S	C	L	L	C	Z	O
J	M	T	G	R	K	X	W	C	Z	Q	W	Y	P	C	P	S	X
W	T	S	W	I	M	M	I	N	G	D	Z	C	Q	S	Z	T	H
A	V	L	C	Y	E	K	C	O	H	E	C	I	D	Q	J	L	E
W	B	A	S	E	B	A	L	L	X	I	U	X	S	Q	I	X	G
J	J	M	I	Z	G	I	U	P	I	M	O	A	B	L	W	X	H

SPORTS (Solution)

I	S	A	Z	T	O	Z	N	B	I	J	Z	S	F	T	A	V	D
T	V	T	A	C	E	Q	V	A	D	T	M	Q	F	S	A	L	C
V	M	X	R	O	E	G	J	V	R	W	K	C	G	Q	C	O	F
G	T	I	K	O	E	Z	M	V	E	S	T	V	I	K	L	T	C
H	L	I	A	W	H	R	F	J	L	E	C	W	Z	O	F	X	J
U	I	P	J	V	H	S	A	B	D	C	L	N	V	N	P	H	U
V	K	X	Q	V	Q	C	F	Q	S	S	E	X	M	E	X	M	R
M	Z	L	P	M	K	G	O	U	C	S	R	C	I	V	N	K	M
S	J	F	O	E	H	L	E	D	U	D	S	T	S	X	J	L	B
Z	T	W	T	O	S	T	S	O	R	U	J	K	R	I	A	N	C
Q	V	N	O	L	U	K	L	A	I	E	I	J	W	I	E	G	D
C	B	D	S	N	R	B	G	T	U	M	S	Z	O	R	K	C	B
K	I	Q	K	D	X	H	G	N	O	Q	U	S	R	E	F	S	F
E	V	D	O	B	N	U	C	N	V	T	P	F	K	Z	C	W	U
H	J	W	Z	G	T	L	O	L	R	K	T	R	D	A	B	N	G
H	P	W	H	N	O	S	Z	U	P	X	Q	I	I	L	W	C	R
V	N	A	V	R	Z	W	R	C	U	N	H	W	R	B	J	A	I
F	M	F	A	C	W	E	L	S	J	Q	W	P	D	D	M	J	K

MEANS OF TRANSPORT (Solution)

Q	K	P	B	K	S	D	O	V	L	A	Y	A	G	X	R	M	R
O	T	H	J	F	R	K	D	N	T	C	U	A	F	J	N	M	Q
L	E	G	Z	R	F	E	X	D	S	R	M	G	W	G	E	T	F
U	S	M	I	T	S	A	T	G	O	F	E	D	A	G	Q	O	W
E	N	A	L	P	R	I	A	P	B	O	A	T	G	I	E	Z	E
M	I	Z	I	I	L	V	A	Z	O	R	T	Z	F	K	I	S	J
C	A	B	L	E	C	A	R	J	K	C	X	T	F	Q	N	A	S
V	F	I	M	Y	A	C	H	T	Z	T	I	V	G	U	R	H	C
V	Q	C	S	W	M	W	I	I	X	V	Q	L	D	R	S	M	O
N	K	C	Z	Z	D	D	B	F	Q	G	I	O	E	N	U	S	O
O	B	H	G	O	P	B	L	I	K	S	T	E	J	H	B	N	T
X	B	I	C	Y	C	L	E	C	O	I	Z	U	L	S	W	D	E
I	W	A	H	S	K	C	I	R	J	D	U	T	E	Q	A	U	R
D	P	N	J	X	I	F	E	R	R	Y	D	Q	X	T	Y	R	H
G	A	E	O	Q	U	Q	B	P	N	S	E	Q	V	S	J	D	Q
B	X	W	R	N	J	T	C	R	Z	N	S	M	U	H	D	N	W
R	K	S	P	A	S	V	J	F	U	D	M	Q	X	W	G	O	U
M	P	D	F	F	P	C	T	X	H	W	V	F	S	Z	N	J	W

Your purchase is greatly appreciated. Wishing you an enjoyable experience with this book. We kindly ask for your support in the form of a review and encourage you to explore our other books.

SCAN ME

Made in the USA
Las Vegas, NV
12 December 2024

13904889R00052